肖静——著

U0623734

学语文整本书阅读学研究

学研究

山东城市出版传媒集团·济南出版社

图书在版编目（CIP）数据

小学语文整本书阅读教学研究 / 肖静著 . — 济南：
济南出版社 , 2023.8
ISBN 978-7-5488-5836-2

Ⅰ . ①小… Ⅱ . ①肖… Ⅲ . ①阅读课—教学研究—小
学 Ⅳ . ① G623.232

中国国家版本馆 CIP 数据核字（2023）第 154669 号

小学语文整本书阅读教学研究　　XIAOXUE YUWEN ZHENGBENSHU YUEDU JIAOXUE YANJIU
肖　静　著

出 版 人　田俊林
责任编辑　丁洪玉　　陈玉凤
装帧设计　曹晶晶

出版发行　济南出版社
地　　址　山东省济南市二环南路 1 号（250002）
总 编 室　（0531）86131715
印　　刷　天津画中画印刷有限公司
版　　次　2023 年 8 月第 1 版
印　　次　2023 年 8 月第 1 次印刷
成品尺寸　170mm×240mm　16 开
印　　张　12.75
字　　数　180 千
定　　价　39.80 元

序 言

近年来，随着人们教育观念的提升，越来越多的家长发现教育孩子并不是一件简单的事情。因此，许多家长开始感到焦虑，不知道如何才能教育好自己的孩子，在养育孩子的时候，会感到有点不知所措。

竞争激烈的升学情况会对孩子的成长有坏的影响吗？父母采取什么样的行动可以帮助孩子拥有更好的未来呢？这些都是深爱儿女的家长最关心的问题。

有很多年轻家长因找不到上述问题的答案而失去信心。也有些家长拼命让孩子参加早教班、学习班，希望孩子能够赢在起跑线上。

但解决问题的最佳方法是让孩子能自主进行知识的摄取。

如果孩子在家庭、同龄群体和大的社会环境中是快乐的和有安全感的，那么他们便处于认知发展的有利位置。

幸运的是，每个人都能为孩子提供最佳环境所需的要素：时间、耐心和爱。给予温暖和适时回应是孩子获得最佳发展结果的关键。

除了家长给予温暖和适时回应的养育，孩子发展的另一个关键要素是能独立思考，看待事情能够拥有自己的见解。

提高思考能力最简单的方式是阅读大量图书。培养孩子的阅读能力，让孩子发表自己的读后感，围绕当下发生的真实事件与孩子进行对话，对孩子未来的发展是很关键的。

尽管如此，在很多环境中，孩子无法自主阅读，无法进行图书式互动。如果孩子发展的环境中有很多这类"限制性的语言"，会对孩子后期的认知和学业发展都有负面影响。

因此，让孩子成为一个良好的阅读者，对孩子的发展尤为重要。

本书作者二十多年来潜心研究儿童心理学，推广学生的整本书阅读，有丰富的一线教学经验。整本书围绕如何帮助孩子养成正常健康的阅读习惯，提出了一个全新的理念，着重强调要用正确的方法帮助孩子培养独立、自信、勇敢、不畏困难的品质以及与他人合作的意识和能力，培养孩子成为一个具有独立思考能力的阅读者。

引导孩子读书有许多好处，不仅可以帮助他们提高语文水平，还能培养他们的想象力、创造力和思维能力。

首先，阅读可以扩大孩子的知识面。通过读书，他们可以接触到各种各样的主题和领域，了解世界的多样性。无论是科学知识、历史故事还是传统文化，他们都可以通过阅读来探索和学习。

其次，阅读可以培养孩子的逻辑思维能力。在阅读过程中，他们需要理解故事情节、分析人物性格、推理事件发展等等，这些思维活动可以锻炼他们的逻辑思维能力和解决问题的能力。

此外，阅读还可以培养孩子的情感意识和审美意识。优秀的作品往往蕴含着深刻的情感和美丽的艺术表达，通过阅读这些作品，孩子可以感受到不同的情感状态，并欣赏到美好的艺术形式。

最重要的是，阅读可以培养孩子的兴趣和爱好。当他们发现阅读的乐趣时，会主动去寻找更多的图书来阅读，他们也因此拥有了不断学习和成长的动力。当他们发现不同的作者对于同一件事有不同的看法时，会主动去寻找更多的图书来阅读，进而形成自己的认知，开始独立思考。

　　而这种积极主动的阅读态度将会伴随他们一生，成为他们不断学习和成长的动力。

　　因此，我们应该引导孩子读书，并为他们提供丰富多样的图书，通过科学、系统地设计阅读内容，让孩子在不同学段都能有序地进行阅读，养成与书相处、享受阅读的习惯。同时要在整本书阅读中给予指导和引导，帮助孩子理解图书结构、作者意图，并鼓励他们将所读的故事分享给其他人。

　　如果孩子早期在家庭、托儿所和学校体验到的学习环境是温暖的、适时回应的并且有丰富的语言输入，那么他们年轻的大脑将会有最好的机会获得最佳发展，孩子也会尽快形成自己的认知，这对他们的未来发展非常有利。

　　随着教学的发展，教学内容也有所变化，孩子独立自主的阅读也要结合最新的教育方针。

　　新课标对不同学段提出了不同的阅读要求，要求阅读内容螺旋上升，从图文结合的图画书，到短小有趣的儿歌，逐步过渡到学生喜爱的童话故事。要求阅读目标循序渐进，从体会读书的快乐，感受儿歌、童谣的趣味，到学习讲述书中的故事，逐渐认识阅读是生活的重要内容，养成与书相处的习惯，为流畅性阅读奠定基础。

　　整本书阅读的目标与内容，应遵循学生的认知特点与阅读规律，为学生开拓更为广阔的阅读空间。同时在阅读方法上，要求教师重视整本书阅读前的指导，可以引导学生先了解图书，看看封面、插图和目录，看看整本书的结构，了解作者写的是关于哪方面的内容，是否是自己感兴趣的图书，试着把故事讲给同学、家长、老师听。

总之，引导孩子读书具有重要意义和较高的实用价值。通过阅读，孩子可以获得知识、培养思维能力、提升情感素养，并建立起与图书亲密而持久的关系。对于家长来说，孩子提高了阅读能力，进而能独立思考，拥有自己的见解，在完善自己方面能有巨大的突破，家长关心的问题自然也就迎刃而解了。

绪 论

一、整本书阅读研究的背景

    整本书阅读是当下语文教学研究的热点。以"整本书阅读"作为主题词，检索知网期刊数据库，文献数量从2014年的4篇、2015年的11篇，到2019年的570篇，而2020年仅上半年就有362篇。近两年，随着统编教科书在全国的推广使用，有关整本书阅读的论文呈爆发式增长趋势。"整本书阅读"并非新概念。相反，它是传统阅读方式。我国教育家叶圣陶先生在其1941年编纂的《论中学国文课程标准的修订》中认为，应以整本书为主，以单篇短章为辅，进行整本书阅读。我国1963年推行的《全日制中学语文教学大纲（草案）》也指出，课文应当短小精悍，让学生读起来能朗朗上口。如果作品篇幅较长，则对作品内容进行节选。自此，"文选型"教材成为语文教学的新主导。整本书阅读有效弥补了教科书中节选内容学习的不足，是学生了解作品全貌的重要方式。2001年，我国编制的《义务教育语文课程标准（实验稿）》指出，应鼓励学生多读书、读好书，积极阅读整本书。2019年全面推广和使用的统编教科书，旗帜鲜明地将"快乐读书吧"栏目作为单元板块编入教科书，重构了小学语文课程的内容系统，这标志着整本书阅读成为语文课程的"正规军"，走上了课程化的道路。到了2022年版的语文课程标准，整本书阅读教学被提高到前所未有的地位，其对不同学段的整本书阅读内容和目标提出了不同要求。

二、整本书阅读研究综述

叶圣陶先生在探讨整本书阅读的重要性时曾指出，读书习惯的培育前提是整本书阅读。北京教育学院人文与社会科学学院院长吴欣歆教授在讨论整本书阅读问题时也认为，学生进行整本书阅读，能吸收更多样的文化内容，形成更完整更深刻的文化印象，对特定文化形成更全面、更系统的认识。立足不同视角阅读整本书，从不同视角了解文本内容，领悟文本意蕴，体会文本表达，利于激励学生展开深入思考。整本书阅读承载着培养学生语文关键能力、基本品格和价值观念的重任，自统编版教科书使用以来，它已成为当下语文课堂教学的一项常态化的基本任务。从这一点来说，怎么强调其重要性都不为过。

在整本书阅读的方式上，特级教师张祖庆认为整本书阅读要从"导兴趣"转到"导策略"。特级教师余党绪认为整本书阅读应是基于问题解决的思辨和读写。河南省濮阳市中小学教育研究室曹洪彪老师认为可以节选课文为"引子"，运用经典评论激趣、典型情节引读、内容异同勾连、扩大语境寻根等方法，精心进行教学设计，一步步引领学生从"读一篇文"走向"读整本书"。在整本书阅读的课堂教学环节上，闫慧、李卫东等教师提出要重视"探究"在整本书阅读中的作用，结合文本特点和学生阅读基础，通过初读鸟瞰、精读共赏、搭建支架、任务驱动、策略迁移等方式，带领学生真正走入整本书阅读的广阔天地。也有专家认为，儿童整本书阅读应当还儿童以自主和自由。统编版语文教科书主编温儒敏教授直言："在中小学阶段，读书是获取精神和智力成长的主要营养源。""培养读书兴趣是语文教学的牛鼻子……若要学生喜欢上整本书阅读，就不能太多干预，应当导向自由阅读、个性化阅读。"

国外也十分重视整本书阅读方法的指导。美国斯蒂芬·克拉申教授撰写的《阅读的力量》一书，提倡自主、自由阅读，详细介绍了比较阅读法、程序阅读法、循环阅读法等读书方法。加拿大阿德丽安·吉尔撰写的《阅读力：文学作品的阅读策略》《阅读力：知识读物的阅读策略》，细致阐述了阅读力的重要性，具体介绍了联结力、提问力、图像化力、推测力、转化力等五种阅读能力，并指导读者如何在阅读中使用。这些都为本项目的研究提供了重要的参考价值与借鉴意义。

三、整本书阅读研究的实践意义

（一）培养自主阅读的儿童

整本书阅读，是被实践证明了的能够促进儿童语文素养提升的有益工程。作为新时代的语文教育者，需要引导儿童进行整本书阅读；作为新时代的少年儿童，更需要自主进行整本书阅读。我们借助行政推动的力量、教研提升的力量、学校推进的力量、教师实践的力量，在全市范围内形成共研、共行、共思、共读的良好氛围，最重要的是儿童行于其中，在学习中获取阅读的力量，主动阅读、学会阅读、坚持阅读、快乐阅读，逐渐拥有自主阅读者的特征，从而促进各方面能力的发展。

（二）培养儿童阅读品质

整本书阅读需要儿童持续保持内在阅读动力，这个持续的过程无疑是对儿童阅读思维、阅读品质的考量、挑战和训练。当儿童走进书中，流连于文字之间时，他们会专注地去读、去思。在日积月累的阅读、实践和训练中，儿童能够渐渐养成良好的阅读习惯，专心致志，让自己心灵沉静，为成长为自主阅读者打下基础。

（三）丰富儿童知识体系

整本书不是单篇文章，它们具有不同文体、不同国别、不同取材、不同作者、不同类别，其丰富的取材、言语、结构、类别等，涵盖了文化的方方面面。整本书中，有的在讲述一个长故事，如《童年》《小英雄雨来》《草房子》《西游记》《红楼梦》等；有的在展示一段旅程，如《爱丽丝漫游奇境》《海底两万里》《神秘岛》《文化苦旅》等；有的在宣传科学知识，如《穿过地平线》《爷爷的爷爷从哪里来》《细菌世界历险记》《昆虫记》等。无论阅读什么，儿童只要开启阅读之门，所读内容就能装进大脑，丰富其知识体系。而且，在整本书的阅读进程中，总会围绕一些话题、一些专题进行深入思考，这个过程是远远优于单篇阅读的思维过程的，整本书阅读的探究过程，需要儿童运用各种思维，进行重组、融通与整合，重新建构自己的知识体系。

（四）培养儿童语言素养

当儿童一本接着一本持续阅读时，他们面对的不仅仅是一本本让人愉悦的书，接收到的不仅仅是一则则生动曲折的故事，他们还会触碰到一个个充实丰盈的语言库。这个语言库中有新鲜的词汇、多变的修辞、灵动的句式、鲜活的表达。儿童阅读的过程，就是与它们接触的过程，当这些词汇、修辞、句式、表达一次次从儿童眼前流过、嘴边溜过、脑中闪过时，会不知不觉积淀下来，成为儿童的言语形式，这样的积累过程是自然的、灵动的，是能悄无声息地激发儿童的表达智慧的。所以，带领儿童阅读，让儿童在整本书中徜徉，能够不断丰富儿童的语言素养，让他们成为语言的小主人。

（五）提升儿童探究能力

自主阅读讲究儿童自主进行，主动权在儿童手中。儿童在自主阅读中，充分调动起积极性和自主性，他们主动阅读、主动思考，开启一段奇特的探究、发现之旅，尤其是当阅读中产生问题时，他们能够主动地寻找答案，解决问题。这个不断质疑、寻觅、解疑的过程，就是一个探究的过程。儿童的探究能力就在一次次的自主阅读中得以发展、提升。

（六）促进儿童思维发展

整本书从篇幅上来看比较长。在儿童阅读中，从大的方面来说，需要不断把握文本内容，理顺文本脉络，领悟文本主旨；从小的方面来说，需要记忆或切换故事发生的时间、故事发生的场景、人物的出场顺序、人物所做的事情、人物的语言，等等。这些都需要不断运用思维，每一本书的阅读都是对思维的挑战。在持续不断的阅读中，识记、理解、概括、联想、推理等基本思维形式多方融合、多向交叉，静心阅读的过程就是一次次思维跳动的过程。久而久之，儿童的思维将会不断得到提升。

（七）提升儿童创新能力

儿童阅读的过程是一个充满创造力的过程。因为，儿童在与文字的对话中，需要不断调动自己的思维，把文字表现的内容想象成画面，或者对文字中蕴含的意义进行创造性理解。儿童进行整本书阅读，需要在教师的指导下不断进行有意思的创造性想象和有意义的内容建构，还要参与到各种有创意的阅读活动中或话题讨论中。这些都能激发儿童的创新能力。

（八）丰富儿童人生底色

适合儿童阅读的整本书有很大一部分属于经典名著。而经典名著是被时代验证、被社会认可、被大家认同的好书。书中蕴藏着健康的审美、深刻的哲理、主流的思想、文明的言谈、经典的文化、古老的文明、成功的人士、励志的人生……儿童在阅读这些"美好"的时候，会看到他人卓尔不凡的个性品质，感受他人超越常人的理想信念，体悟不同境遇下的人生态度，这样就能慢慢被感化，让自己变得宽广、豁达，拥有美好的人生格局，为未来的人生打上健康的底色。

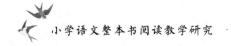

（九）实现儿童自我成长

在基础教育阶段，我们要着力培养儿童成为自主阅读者，因为离开儿童的主体性发展，教育就会失去依托和生命力，成为束缚人发展和限制社会发展的一种消极因素。要想提升儿童的素养和能力，最直接、最经济、最有效的方法就是阅读。我们以培养自主阅读者为目标，不断培养儿童自主阅读意识，让他们想读、坚持读；不断提升儿童人文素养和创新能力，让他们会读、深入读，从而形成自主阅读习惯，实现终身阅读，实现儿童的自我成长与发展。

目录

第一章　小学语文整本书阅读内容

如果把整本书阅读内容体系比作一片广阔的天地，那么教科书中的阅读内容只是其中一粒微小的尘埃。只有把更为丰富、更为广博、更为适切的整本书阅读内容遴选、推荐给学生，学生才能得到足够的整本书"营养"补充，从而在丰厚阅读内容底座的托举中，不断向着"自主阅读者"的理想目标进发。基于这样的认识，我们学习了刘绪源先生《儿童文学的三大母题》一书，借鉴了很多名校必读书单，梳理了名作家推荐的书目，还在教师和学生间进行了"我最喜欢的图书"问卷调查，综合多方信息与资源，选取了适合小学生阅读的150本优秀儿童读物，形成了区域推荐的整本书阅读内容（具体见本节附表），供学生参考阅读。这份书单起始于导读微课制作时的选书，形成于区域推广的实践，优化于《150本优秀儿童读物微课导读》的书单选择，于2019年4月出台，刚好与教科书"快乐读书吧"推荐书目、教科书衍生书目相辅相成。同时，我们还建议各校根据校情，形成校本化的整本书阅读书目，给学生选择的空间和丰富的资源，当这样的"自由阅读"持续进行到一定阶段，学生就可以"思接千载，心游万仞"，达到一种浑然忘我、沉浸书香的自由境界，从而与"培养自主阅读者"的整个过程自然融合。

第一节　整本书阅读内容编排特点

在研制整本书阅读内容体系时，我们依据低年段（1—2年级）、中年段（3—4年级）、高年段（5—6年级）三个学段，根据不同学段学生的年龄特点，推荐不同的书目，做到分层推进、循序渐进。

一、儿童本位，科学选择

苏霍姆林斯基曾说，"每一个儿童都是一个世界——完全特殊的，独一无二的世界"，每一个儿童都是一个独立的个体，有着不同的个性特征，对于图书的选择和阅读也有自己的个性化理解。基于这一认识，我们在研制书目时，特别尊重儿童的选择，在学生自主选择的基础上，综合多方因素，遵循自主与共性相结合、兴趣与科学相辅助、纸质与媒介相融合、民族文化与世界文化兼容并蓄四大原则，为学生量身建构一座既尊重他们个性需求又能让各科教师、家长阅读共享，既能遵循个体的兴趣爱好又能进行科学的价值观引导，既能享受图文并存的纸质阅读又能借助新科技手段尽情阅读，既能感受国家民族本土特质又能心怀世界、放眼全球的阅读城堡，让每一个生命个体在这座阅读城堡中认识自我、培养自我、发展自我、成就自我。同时，从学生的认知年龄、心理年龄及生活经验出发，我们锁定各个年龄段的生长点，合理安排阅读"书单"，让学生在每一个生长期享受适切的滋养。

二、理念指引，助力阅读

刘绪源先生在《儿童文学的三大母题》一书中，提出儿童文学分类的原则："我想尝试着用一种新的方法进行类型学的研究，这就是从三个最基本的'母题'出发，对儿童文学进行新的划分。这三个母题是——爱的母题、顽童的母题、自然的母题。""母题概念居于一个更高的层次。它超越了题材概念所包含的具体性和明确性，因而它是一个更笼统的概念。我们说到一个母题，那其实就是指的一种审美眼光，一种艺术气氛，一个相当宽广的审美的范围。"从这几段论述中，我们寻找到了给儿童选择整本书阅读内容的理论依托，那就是：从爱的母题、顽童的母题、自然的母题出发，感受不同门类儿童文学的特有氛围和审美特征，从而将它们归入不同的主题体系之中。因此，在每个不同的阅读时段，我们按照爱、顽童、自然三大母题，同时增加了"历史"母题，对学生所读书目进行分类，努力建构"培养自主阅读者"区域推荐的整本书阅读内容体系。

第二节　整本书阅读内容主题解析

一本书就是一个世界。儿童打开一本书，就走进了一个奇妙的世界。多姿多彩的儿童文学，正是儿童走进这个奇妙世界的钥匙。我们以区域推进"培养自主阅读者"整本书阅读的实践研究为基础，依据爱、顽童、自然、历史四大主题，结合儿童的年龄特点和身心发展规律，提出了各年段整本书阅读的不同要求，构建起了儿童整本书阅读内容的框架体系。

一、爱的母题——爱与温暖的音乐

刘绪源先生在《儿童文学的三大母题》一书中写道："渴望母爱，追寻家庭与社会的温暖，体现了人类现实性的一面，起源于现实的人的生存发展的需要。"这是"爱的母题根本意义之所在"。爱的母题所表现的，是成人对于儿童的眼光——一种洋溢着爱意的眼光，其作品中流淌着款款的深情、浓浓的爱意，与以往作品中宗教式的说教不同，这一母题的作品摒弃了生硬的说教和死板的道德律条，将作品的主线统一于一种更深刻也更淡远的情感之下，这便是爱。由于爱的母题过于宏大，所以我们又将其分解为"母爱型"作品与"父爱型"作品。

1.亲切温馨的"母爱型"作品。"母爱型"作品中充满了童心与母爱的氛围，这种氛围也正是这一类儿童文学作品的价值所在。这类作品主要有家庭生活型、异域生活型、少男少女型、童趣型等。在"培养自主阅读者"区域推荐阅读体系中，低年段的《花婆婆》《玛蒂娜》《逃家小兔》，中年段的《窗边的小豆豆》《苹果树上的外婆》，高年段的《冰心儿童文学全集》《城南旧事》，都属于"母爱型"作品。

每一篇母爱型作品中，都洋溢着爱意与温暖的气氛，渗透着母亲特有的关切，读来令人受到深深的感染。《花婆婆》中，那位把鲁冰花的种子洒满漫山遍野，使世界变得更美丽的老婆婆；《小女巫》中，那位为了治好妈妈的病而一次又一次勇敢地出发的男孩小托马；《苹果树上的外婆》中，那位"酷毙了"的外婆和那位和蔼可亲的老奶奶；《绿山墙的安妮》中，那位充满了天真和幻想、为人直率又善良的小女孩安妮……"母爱型"作品中的人物，常常带给我们亲切温馨之感，读着这些作品，就好像听一位慈爱的母亲在我们身边，用温柔的语调讲述着一个个故事。为了让儿童被故事吸引，作者往往采用反复回旋的方式来讲述故事，让儿童在熟悉的重复中一步步地把握故事的发展路径；用儿童喜欢的有趣语言替代那些惨烈的场面，让儿童听得有趣、听得过瘾，还不会被吓着。故事中适度的幽默与夸张，被发自内心的喜爱所激发出来的玩笑心态，也恰好与儿童喜爱、向往游戏的心理相吻合……

"母爱型"作品中，作者反复歌咏、深情赞叹，作品中的字字句句，都传递着吟诵爱的声音。它们描绘震撼人心的缤纷色彩："蓝色的桔梗花田，一直延伸到天边，与天融为一体，连吹拂的风也被染成了蓝色，这样的美会把人看呆。"（安房直子《梦的尽头》）它们颂扬母爱的伟大："母亲呵！你是荷叶，我是红莲。心中的雨点来了，除了你，谁是我在无遮挡天空下的荫蔽？"（冰心《冰心儿童文学全集》）它们用细腻淡雅的笔触寄托无限乡思："一生的一半生命都在那里度过，快乐与悲哀，欢笑与哭泣，那个古城曾倾泻我所有的感情。"（林海音《城南旧事》）温暖、慈爱、亲切、纯美，"母爱型"作品充溢着母爱的光辉。

2.端庄深邃的"父爱型"作品。与"母爱型"作品的温馨亲切不同，"父爱型"作品是指那些比较具有教育价值的儿童文学作品，它的氛围端庄深邃，主要包括学校生活型、社会生活型、浪子回头型、英雄型、集体奋斗型、成长型等。区域推荐阅读内容体系中，低年段的《电话里的童话》，中年段的《夏洛的网》《大林与小林》《火鞋与风鞋》，高年段的《哈利·波特与魔法石》《魔戒》等，都属于"父爱型"作品。

如果说，"母爱型"作品是一段轻松灵动、欢快活泼的轻音乐，那"父爱型"作品则是一曲宽广博大、深刻澎湃的交响乐。"父爱型"作品直面人生，闪烁着现实性的光彩。即便是想象文学作品，也是既充满浪漫主义的幻想，又不乏理性的内核。如英国著名作家托尔金所著的奇幻小说《魔戒》，书中处处可见现实世界的投影：小人物霍比特人的壮举，象征了现实世界中千千万万普通人的英雄情结；受到魔君诱惑而沦为邪恶帮凶的法师萨鲁曼，象征着受到引诱而迷失自我的背叛者；而拥有强大黑暗力量的魔君索伦，则象征着现实世界中的邪恶统治者……我国儿童文学作家张天翼的长篇童话《大林和小林》也充满了象征意味：作者展示了旧社会富人圈子里奢侈腐化的生活，最后穷人团结起来，与富人展开斗争，终于战胜了富人，取得了胜利。"父爱型"作品，通过这些平行于现实世界的故事，映照出现实的影子，具有深刻的寓意。

"父爱型"作品犹如一支吹响的号角，总能给人带来奋进的力量。《火鞋与风鞋》中，作者巧妙地借父亲讲故事这一生活中的平常小事激励读者鼓足战胜困难的勇气；《35公斤的希望》描绘了一个少年艰辛的成长过程，故事浸透着希望，饱含着力量，催人奋进；《夏洛的网》讲述了善良的弱者相互扶持的故事，表达了作者对生命的眷恋与赞美。这些作品激荡人心，使人的心灵受到荡涤和洗礼，令人读后心潮澎湃，难以平静。用刘绪源先生的话来说，这些作品都具有"暖人心"的作用。

在"培养自主阅读者"区域推荐整本书阅读内容体系中，我们既选择了"母爱型"作品，也选择了"父爱型"作品，目的是让学生对爱的母题作品有一个完整的认识和了解，让这些优秀的儿童文学作品，陪伴学生的成长与发展，使儿童受到正义的召唤，汲取前行的力量。

二、顽童的母题——来自心灵的深情呼唤

如果说"爱"的母题的根本意义在于对爱与温暖的渴求，那么"顽童"的母题则体现了对自由的追求与向往。"渴望自由，向往无拘无束尽情翱翔的天地，体现了人类的未来指向，是对未来社会中人的自由而全面发展的一种深情呼唤。"这是"顽童的母题根本意义之所在"。当儿童文学作品中充斥着大人的眼光、大人的意念时，一种新的文学样态正在悄然崛起，在这些创作中，"成人对于儿童的眼光"正悄悄地换成"儿童自己的眼光"，孩子们受到压抑的天性得以释放，他们可以毫不掩饰地、直率地甚至是放肆地表现"顽童"的任性与淘气。这一类作品，就是以"顽童"为母题的。在我们区域推荐阅读内容体系中，低年段的《大个子老鼠小个子猫》《笨狼的学校生活》，中年段的《长袜子皮皮》《淘气包埃米尔》，高年段的《罗伯特的三次报复行动》等，都属于"顽童"母题的作品。

在区域推荐阅读书目中，我们嵌入了大量"顽童"母题的作品，因为这些作品贯穿着儿童的视角，映照着儿童本身，让儿童的情感得以宣泄，让儿童想象的天性得以释放。"顽童"母题作品中蕴含的"奇异狂放"之美，使儿童在阅读过程中不可抑制地驰骋起想象的翅膀，同时也在故事中寻找着自己的影子……

三、自然的母题——穿透碌碌尘嚣的旷远视野

为什么太阳在白天升起、月亮在夜晚出现？为什么深蓝的夜空中有群星闪耀？那颗离我们最近的闪亮的星星，会不会化作陨石掉下来……自从出生那一刻起，人类对自然的探求就没有停止过，而儿童对自然更是有一种超乎成人的亲近。与成人相比，儿童对自然中的万事万物，有一种更为真诚的关注。满足了自然的陶冶，童心才能获得真正的完整。正如儿童文学作家萧平所说的："没有得到自然的足够陶冶的心灵是有缺陷的，尤其对孩子来说。"本着保护儿童心灵的"完整性"，同时也要捍卫自然的"完整性"的愿望，我们在"培养自主阅读者"的区域推荐阅读内容体系中收录了较多的"自然"母题的作品，如低年段的《蚯蚓的日记》《书本里的蚂蚁》，中年段的《丛林之书》《小鹿斑比》，高年段的《西顿野生动物故事集》《狼王梦》等。

打开"自然"母题的作品，就开启了穿透碌碌尘嚣的旷远视野，给人一种悠然世外的"超脱感"。《昆虫记》中那位"为虫痴狂"的法布尔，将自己对生命与大自然的热爱融入书中，对昆虫的描述极富有诗意和幽默感。他写萤火虫，"这个小家伙，为了表达对生活的欢欣，竟在屁股上挂了一只小灯笼"；他写粪金龟，"这些低下的滚粪球工，尽情地过着日子，最后变成高龄的元老"。清新恬静的文字，自然有趣。《狼图腾》中对草原的描写则给人以心旷神怡之感："草原，是一色绿莹莹，像冬夜里的狼眼那样既美丽又吓人。一路下山，青绿葱葱，草香扑鼻，空气纯净，要想在这里找到灰尘简直比找金沙还要难。马蹄和车轮全被草汁染绿，连拖地的套马杆的尾根也绿了。"浩渺的诗意，被一片绿色裹挟着扑面而来。静静阅读，会产生一种超然物外之感，只觉得天地万物都在这书页的翻卷之中悄然流转、舒展……

"自然"母题的作品中，那些优秀的动物超乎常俗的行为，常常会

带给我们一种"惊异感"。《西顿野生动物故事集》中那只忠诚的猎狗宾果，面对死亡时想到的是要回到小时候主人照料自己的小屋门口；《春田狐狸》中的狐狸妈妈不忍再看到自己的孩子苟且偷生、痛遭囚禁之苦，竟然毒死了自己的孩子……展卷阅读，这些动物身上所体现出来的高贵的英雄主义气概，有一种撼动人心的力量，使人怦然心动、惊叹不已。

"自然"母题的作品真实地描写着大自然，它们使人在阅读时发现了自己与动物之间的相似性，在作品中找到了自己的影子，细细读来，有一种"亲近感"。《狼王梦》中的母狼紫岚，不屈不挠地追逐着狼王之梦，即使生命陨落，狼王梦也不坠落。狼的生存环境，与人类充斥着无情竞争的社会何其相似！而从怀揣梦想的紫岚身上，我们会看到一个为了追逐梦想奋斗不止的身影……

阅读"自然"母题的作品，不仅可以让人类与自然的脉搏贴得更近，被动物的高贵精神折服，而且让人类更深刻地反思与自然的共存方式，更能给人以开阔的视野、旷达的心境。这，正是我们将"自然"母题作品纳入"培养自主阅读者"区域推荐阅读内容体系的初衷所在。

四、历史题材——漫溯风云变幻的文明长河

在高年段的区域推荐阅读内容体系中，我们开辟了"历史题材"系列作品，收录了学生喜欢阅读的《林汉达中国历史故事集》《明朝那些事儿》《史记故事》《希利尔讲世界史》《希利尔讲艺术史》等作品。这是因为，读中国历史，可观名臣奸相，品君子小人，看人情世故，悟成败得失；读世界历史，可穿行在世界文化长廊中，将散落在这个星球上的历史如珍珠般串联起来，使人更渊博、更聪慧。

以史为镜，可以知兴替。《林汉达中国历史故事集》以"丝线串珠"的方式把历史故事连接起来，上勾下连、浑然一体；《明朝那些事儿》以幽默风趣的语言重现历史、妙趣横生；《史记故事》以生动有趣的故事记

载历史，以人物传记的方式反映历史，展现了从黄帝到汉武帝三千多年波澜壮阔的社会画面。阅读这些故事，我们内心激荡不已，虽然这些风流人物已消失在历史长河之中，但一个个扣人心弦的故事却使他们的形象血肉丰满、栩栩如生，读之诵之，民族精神深深印刻在读者心中，成为永恒的烙印。

阅读这些故事，还可以引发我们"慎终追远"的情怀，在追溯过去、反思"来时的路是什么"的基础上，感受当下之于过去和未来的重要意义，从而越发珍惜现在，达成民族道德的升华，真正实现中华民族"民德归厚"的永恒价值。

以史为镜，可以探未来。《希利尔讲世界史》以"随文发问"的方式启发人们深入思考，充分引爆了读者的好奇心；《希利尔讲艺术史》以幽默风趣的对话引领人们在艺术的时光隧道里漫步，激起了人们的探究欲望。阅读这些图书，可以从过去的经历中获得未来生活的启迪，点燃探索精神。正如印度诗人泰戈尔所说："艺术在朝圣的路上，探访现实中未知的一座座殿堂，走向一个同过去有着天渊之别的未来。"阅读历史题材的作品，犹如畅游于人类文明的长河中，回溯过往、遥望未来，从人类文明的发展史中获得未来的启迪。因此，我们将历史题材的作品融入"培养自主阅读者"区域推荐阅读内容体系中来，让这些图书成为儿童整本书阅读之路上由"阅书"转向"阅人""阅事"的一盏盏明灯。

区域推荐整本书阅读内容，充实着儿童的阅读内容，丰盈着儿童的心灵世界，丰富着儿童的精神积淀，让每一个儿童都能在自由阅读的广阔天地中自由驰骋，获得精神的成长与满足，使生命的激情、阅读的潜能得以激发，进而成为热忱的终身阅读者。

第二章　如何引导小学生阅读整本书

整本书阅读教学，教师首先关心的还是选择什么书。那么，好书的标准究竟是什么呢？好书，就是能够让学生阅读后有多方面收获的书。一本书拿到课堂上来教学的时候，这本书就变成了教材，就会具有一种功能性，而教师通过这本书，想要学生从中学到什么，就需要教师自己选择并进行有策略的引导。整本书阅读教学时，教师们心中一定要有学生，要思考学生的原有基础，发现他们阅读的生长点。教师要根据书的文体特点进行教学设计，把书中最重要的部分拿出来与学生分享。阅读本身是有规律的，不管是《如何阅读一本书》中提出的阅读阶段——基础阅读、检视阅读、分析阅读、主题阅读，还是国际阅读能力测试考查的阅读素养——提取信息、直接推论、形成解释、反思评价，都是教师教学时要关注的。

对整本书阅读教学的评价，除了评价学生的阅读素养，还要评价阅读的过程，教师应该具有评价的意识，也要培养评价阅读素养的能力。阅读整本书是为了促进学生的整体发展，教学实践中一定要明确阅读整本书对学生的意义。

国际阅读素养大致包含以下几个方面：（1）能够理解并运用书面语言的能力；（2）能够从各式各样的文章中建构出意义；（3）能从阅读中学习；（4）参与学校及生活中阅读社群的活动；（5）能够由阅读获得乐趣。为什么把能力放在第一位，而没有把兴趣放在第一位？那是因为学生只有具备了阅读理解和运用语言的能力，才有可能对阅读产生兴趣，学生如果不能通过阅读获得相应的能力，将逐渐失去对阅读的兴趣。

因此，整本书阅读的教学目标应该大体分为以下几个方面：（1）能够从书中建构意义，加深对书的理解；（2）能够提高对语言文字的理解和运用水平；（3）能够获得阅读经验，积累阅读方法；（4）能够提升阅读能力；（5）能够通过阅读去学习。明确了这样的教学目标，学生在选书、用书、进行读书讨论的时候，就不会单纯地陷入书的内容和意义之中了。

第一节　整本书的选择

供学生阅读的整本书，应该以教科书的标准来进行选择，注意到年段特点，突出整本书的整体育人价值。

一、整本书选择的原则

（一）总体原则

叶圣陶先生指出，学校在设置课程时，应注重分析课程的实用价值、训练价值、文化价值。同理，在学校语文课程体系内纳入整本书阅读，需判断所选图书是否利于增加学生的知识，是否能提高学生的总体阅读能力，是否能启迪学生的心灵并增长学生的智慧。这是选择整本书所必须遵循的总体原则。

（二）具体原则

1.书的来源。读书读书，首先要有书。书从何而来？学校图书馆随处是书，各个城市图书馆有许多的书，普遍的民众教育馆也有书，藏书之人手上亦有不少好书。只要根据自身喜好选书，满足学习需要，或者解决某个重要问题，借来阅读的书就大有用处。叶圣陶先生曾说，人只要愿意读书，就不会无书可读。在社会经济发展、精神文化建设水平提升的当下，书的易得性更高。所以，人们不应当以找不到书为由而不读书。倘若一直强调没书可读，说明你并没有树立阅读的信念。

2.书的甄别。书的质量对阅读质量有着显而易见的影响。叶圣陶先生曾说，语文老师不能只会传播知识，还要学会创作符合儿童阅读需求的文书。在遍地是书的当下，语文教师已不必亲自创作，但仍要学会选书，学会选择契合学生需要、学生喜欢的书，从而引领学生形成强烈的阅读乐趣，培育良好的阅读习惯。在学生阅读能力有所提升时，可以选择难度高一点的书。此外，为儿童选书时，要注重丰富书的种类，比如文学类、传记类、历史类、科学类等。然而，无论选择何种书，都要确保书符合儿童智力发展现状及阅读规律。

二、现行图书的选择方式

现行图书的类型多种多样，涉及范围广阔。因此在选书时，要注重精挑细选，契合学生需求；要严格遵循古今中西结合的选书原则；要适当参考书评人提供的图书推荐清单。在初步选定图书后，教师要先行阅读图书。倘若发现图书不适合学生，则应重新选书。

图书版本不同，书评人不同，图书推荐清单不同，这就决定了图书推荐必然存在一定局限性。对此，可选择各个书目推荐清单中都曾出现的图书。倘若学生具有较强的阅读欣赏能力，则根据学生兴趣、图书价值、教师选择来选书。选书时，师生都要对所选图书进行自我判断。如果图书作者多，存在多种形式，则可提供给初步尝试整本书阅读的学生。若已读过节选，并知晓节选文字源自哪本原著，则选择这本原著，鼓励学生展开整本书阅读。

教师可结合课文，引导学生展开延伸阅读。例如，在学生阅读《秋天的怀念》后，引导其阅读史铁生创作的其他作品集；在完成某个主题单元的教学后，鼓励学生阅读同类或相关选本；在学生理解教材上的儿童诗后，引导其阅读《绿色的太阳》或者其他儿童诗选；在教学散文后，引导学生阅读《远方的小星星》等优秀散文。在某些情况下，教师可灵活选择图书。比如教学人教版实验教科书五年级下册第七单元"作家笔下的人"后，让学生积极阅读《红楼梦》《百万英镑》等相关名著，引导学生不断向课外扩展阅读范围。或者挑选《长袜子皮皮》《小王子》等图书，让学生边阅读边思考作者是如何塑造人物形象的，从而体悟人物塑造的表达方式。

三、整本书的数量选择

教师要给予学生最可靠的阅读指导，必须先阅读学生所阅读的书。叶圣陶先生认为，学生每个学期应阅读两到三种书，阅读数量应师生同数，但不包含学生在休闲娱乐时间里阅读的图书。

学生的图书阅读数量不固定，视学生实际确定。1—2年级学生尚未形成较强的阅读能力，初始阅读时应选择教师带领学生朗读的方式。这种阅读方式能让低年级学生在一学期里多读几本书。3—4年级学生基本形成了一定的阅读习惯，教师应注重向其传授科学阅读方法。刚开始时，学生阅读速度可能会偏慢，图书阅读量也会偏少，一学期或许只能阅读2—3本书。5—6年级学生具有相对较强的阅读能力，阅读速度也相对较快，阅读量较大，涉猎范围也更广阔，基本能实现每月一本书，即每学期可阅读4—5本书（不含学生课余时间所读的书）。倘若学生具有浓厚的阅读兴趣，则其一学期的阅读量会更高。

在研究多种阅读材料和多种阅读理论的基础上，我们立足于学生的阅读兴趣和阅读期待，以发展学生的阅读能力和阅读策略为目标，为学生建构阅读课程体系，以促进学生在阅读中发展思维，获得阅读能力。阅读书目可分为必读书目和选读书目。必读书目又可分为"文学""科学与数学""人文与艺术"三个类别。一年级至二年级每学期7本，"文学"类3本、"科学与数学"类2本、"人文与艺术"类2本；三年级至六年级每学期9本，每一类各3本：共计100本。阅读是提升学生核心素养的重要途径，学生获得的"营养"应该是均衡、持久的。

总之，供学生阅读的整本书的选择主要包括数量、质量和类别。数量的选择，要符合学生的年龄特点和学校的具体教学情况。质量的选择，要遵循质量第一的原则，从故事情节、语言特色、思维特点等方面进行选择，要保证学生阅读的整本书是高质量的。类别的选择，就是要区分不同类别的书，学生成长背景不同，喜欢的领域自然不同，学校应该从文学、科学、艺术等不同角度选择阅读书目，为学生提供丰富的图书，有了丰富的图书资源，才能为学生的阅读提供多种可能性。

选择图书必然要经历一个自我判断的过程，需要师生共同进行判断。因为阅读整本书需要师生同读一本书，所以，学校可以按照确定的标准和原则，为学生提供足够数量的整本书，也可以由学校指定书目，让学生自行购买相同版本的图书。要培养学生自主选择图书的能力，就要切实地让学生参与到整个阅读过程中来。

第二节　整本书阅读教学的指导

低年级学生阅读能力较差，应采取"教师读，学生听"的指导方式。当学生逐步具备阅读能力，能借助拼音通读文本时，教师要放手，鼓励学生自主阅读，激发学生的阅读成就感，使学生产生长久而稳定的阅读兴趣。在与学生讨论阅读问题时，要指导学生关注人物、情节以及自身阅读的兴趣。比如回归作品，从书里寻找现实生活的"影子""自己的喜好""他人的喜好""书中人物的独特之处""讨论各自的送礼想法"等。又如，延伸语文课文，加长课文所述故事，通过阅读更多的故事以学习、掌握生字词，体会书的特征以及好书的特点。

一、按照学生的年龄特点进行指导

中年级学生已具备自主阅读的能力，教师可制作读书报告单，引导学生提炼总结阅读图书的主要内容、重要细节、人物心理等。同时，要求学生通过细节讨论自身所体悟到的情感，比如书中的幽默情节、独具个性的人物、不同视角下的人物个性等。也可讨论交流语文学习，比如立足两种视角阅读、发现符合自身特点的阅读策略、找到个人阅读的难点、讨论声音与色彩的描写词汇、分析书中所使用的拟人手法、归纳描写人物的方式方法、总结描述某个事件发展过程的方式、分析作者写作时的特殊语气等。从不同角度讨论所读图书，能使学生的阅读变得更加有趣。

高年级学生自主阅读能力较强，阅读速度也偏快，教师可编制题项多、思考点丰富的读书报告单，或者邀请学生自行编制个性化读书报告单。报告单制作完成，引导学生对阅读领悟、阅读问题展开深入讨论，比如"分析同一作家创作的不同作品的差异""分享作品独具特色之处""对比作者与自身的童年""谈一谈你所了解的饮食文化""分析老人与小孩之间存在的联系"等。

二、按照读物的特点进行指导

适合小学生阅读的书多种多样，常见体裁主要为童话、儿童诗歌、图画书、科普作品集、散文以及小说等。其中，图画书与小说多为整本书阅读，散文、童话故事、儿童诗歌、科普作品集多为单篇阅读。由于各类体裁的书有其独特性，教师应结合体裁特征展开具体的阅读指导。值得注意的是，图画书的阅读对象并不仅限于低年级学生，各个学段的小学生都可根据自身的兴趣选择阅读图画书，并从中取得收获。目前，图画书主要有两种，一种是无字图画书，另一种是有字图画书。其中，无字图画书简单易读，便于学生理解故事，产生共鸣。相较于有字图画书，无字图画书设计的情节也更简单。比如《你看起来好像很好吃》这一无字图画书，教师可在出示图画的同时讲解故事，并在关键的情节处停顿，请学生展开自由想象。但是，若无字图画书情感性较强，比如《我的爸爸叫焦尼》一书，在关键情节处停顿就会破坏整个故事的情感氛围，所以教师要先讲完故事，再设计趣味性活动引导学生展开交流。

童话故事集《安徒生童话》与《"下次开船"港》都编排了同一作者原创的童话，但所选童话篇目有所不同。部分童话故事集则编排了许多作家原创的作品。在选择童话供学生讨论时，教师可选择较为经典的童话，或者契合学生兴趣点的童话，或者任学生自行挑选童话。在学生阅读童话时，教师要善用语言、多媒体工具等将学生引进童话所设情境。

阅读童话时，要避免打断学生并强行让其回归现实。同时，要根据学生的兴趣点创设话题，引导学生立足童话人物视角展开故事情节交流，循序渐进地导入学生生活经历。

儿童诗是一种用儿童口吻表现儿童想法的作品。虽然这类作品语句较为简单，但却蕴藏着许多新奇的内容。所以，学生阅读儿童诗时，往往能获得意外的快乐。对此，教师要做好：引导学生理解儿童诗的内涵，对诗歌所述画面展开尽情想象，深入体悟诗歌的独特情趣，细细品味诗歌的字词应用。

儿童诗蕴藏着别样的儿童情趣，字、词、句极具特色，学生阅读多遍即可背诵。在教学时，教师要注重引导学生细细品读儿童诗的独特情趣，感受这类作品语言的美妙。

散文集是由多篇散文集合形成的作品，比如《远方的小星星》。指导学生阅读这类体裁的作品时，教师要先引导学生认知散文集的主题，再让学生根据主题逐篇阅读散文，使学生获得深刻的阅读感受，懂得从不同视角思考问题。

不同的散文特色不同，部分散文简单凝练，部分散文蕴藏深刻含义，部分散文处处可见儿童情趣，所以教师要根据散文特征引导学生品味和把握文章语言特征。

小说是最适合进行整本书阅读的体裁。儿童小说类型多种多样，有成长小说、动物小说、幽默小说、科幻小说……教师需结合儿童小说的类型展开阅读指导：成长小说阅读的重点是"心灵"，动物小说阅读的关键是"情节"与"动物形象"，幽默小说阅读的焦点是"语言"，科幻小说阅读的核心是"想象"。小说情节完整，人物具有代表性，所以讨论话题的设计难度不大，或以人物性格为话题，或以语言特征为话题。通过话题讨论，学生会发现自身未关注到的细节，进而回归书本，继续阅读。在讨论交流时，教师要鼓励学生追问、思考与现实生活紧密相关的问题。

科普作品体裁多为说明文，比如《昆虫记》。在指导学生阅读这类作品时，教师要强调两点：读懂内容、把握文章特点。具体包括了解事物特征，理解作品内涵；梳理说明顺序，熟悉文本结构；掌握说明方法，内化写作技巧；感受语言特色，善于进行表达。

三、按照阅读本身的规律进行指导

根据"六层次阅读能力系统"理论，书本阅读应具备六种能力：复述能力、解释能力、重整能力、伸展能力、评鉴能力、创意能力。其中，复述、解释与重整的目的是基于书本内容理解与分析，客观还原原创思路与观点；伸展、评鉴、创意的目的则是结合书本内容展开主观想象、推论、批判，提出个人想法与见解，实现对内容的再加工。据此来看，后三种能力是"基于原篇章又超离原篇意"的能力。教师应按照阅读层级选择差异化阅读方式。

学生初读图书后，教师可让其复述书中内容，再出示书中的重点词句，让学生自行解释词语意义，理解句子的含义。随后，提炼篇章的关键词、关键短语、结构复杂的语句、蕴藏深意的词汇等，设计讨论话题，引导学生展开更深入的解释。至此，进一步出示读书报告单，引导学生梳理篇章内容的内在关联，再对整本书的价值意蕴进行概括。可在书中重点内容处提取信息，说明整本书的主题，归纳表达技巧；可查找同一作者的作品、同类书，并推荐给学生。

伸展，是在理解篇章表层意义的基础上，找出隐含信息，如推断句子的深层意义，推断篇外信息，想象篇章未阐述而又有理据可推得的内容，推出篇章隐含的主题、主旨、写作意图等，从而培养学生深度挖掘文章内涵及拓展、想象的能力。

评鉴，是在理解意义的基础上，评说人物与思想内容，鉴赏语言表达，如评说书中的人物、思想内容，鉴赏精妙的字词、语句，鉴赏表达技巧等，从而促使学生领会文章的表达形式，从阅读中有意识地学习写作方法。

创意，是在理解篇章意思后，找出解决问题的新想法，提出文章的新写法，或运用所读的信息解决实际问题。

整本书阅读教学应按照阅读的层次，逐层培养，阶梯上升。这就需要在教学中把握发展规律，让阅读成为学生成长的有效路径。阅读过程中，在"复述""解释""重整"的基础上，有意识地进行"伸展""评鉴""创意"的训练，才会实现从读懂他人到发展自我。高阶的阅读能力只是方向，如何培养，还要找到恰当的方式，更要结合作品和活动过程，教给学生可以实践、可以体验、可以总结提炼的方法。明确的方向、恰当的方式、具体的方法，才能让整本书阅读教学成为学生和教师都喜欢的教学组织形式。

第三章　核心素养下的整本书阅读教学

第一节　核心素养下整本书阅读教学的出发点

一、让学生产生情感共鸣

在阅读中，学生可以对文本中的人物、故事等产生强烈共鸣。在整本书阅读中，学生自身情感体验非常容易受到熏陶及感染，伴随阅读内容的改变逐步产生不同体验，其智力发展、道德发展受到潜在影响，其情感体验被唤醒，最后形成非常和谐的共鸣。

二、让学生加深阅读思考

与单篇阅读不同，整本书阅读需要以全局为阅读的出发点，然后形成系统、完整的故事和人物形象，使文章的说服力变得更强。特别在语文学科内，教材中的一些文学作品都为节选，而从整本、整篇的内容中选择内容鼓励学生阅读，这会激发学生对人物形象、故事的探究思考，进而产生阅读兴趣。

三、让学生丰富语言材料

学生往往从幼儿园便开始尝试阅读，阅读伴随他们学习的整个过程。

即使学生以后结束求学前往职场，也会通过阅读来丰富自我及增长见识。在语文阅读中，大量的优秀作品都会展示在学生眼前，作品具有种类多、内容丰富等特点，学生在对它们的阅读学习中，可以对文字更有敏感度，如他们遇见喜欢的作品及题材后，会在阅读中加入模仿，在模仿中更好地把握文章。在阅读教学中，应该重视培养学生阅读兴趣，为此在整本书阅读教学中，便要尝试鼓励学生投入课外阅读，让他们可以从爱好、兴趣出发自主阅读。

第二节　核心素养下小学语文整本书阅读教学的方法

一、科学性的阅读指导

根据笔者的教学经验，在整本书阅读教学时，教师需要充分发挥自身的引导作用，通过导学课促使学生掌握阅读整本书的技巧，让他们可以在阅读中使用正确的方法，然后提高阅读体验，保障阅读的有效性。学生在整本书阅读中能够掌握丰富知识，提高核心素养和知识能力，让阅读教学的效果得到保障。在阅读指导中，教师可以通过阅读案例，为学生介绍泛读、精读等阅读方法，让学生了解什么时候开始泛读，什么时候进行精读，等等。而在小学，学生阅读能力偏低，他们会在整本书阅读中遇见各类问题，教师可以组织专题课堂，与学生就阅读问题充分交流，让学生得到充分的阅读指导。比如，在《守株待兔》一课中，课文为学生讲述了一个我国古代传统的寓言故事，借助故事向学生传授做人做事的道理。在我国，古代流传下来的这类故事还有很多，它们都被人们收录起来编成了《古代寓言故事》等书。因此在课堂中，教师可以鼓励学生阅读这类书，并为学生的寓言故事阅读作出科学指导。就寓言故事的特点来讲，教师要鼓励学生在了解故事内容的同时，尝试从多个角度，来分析故事所揭示的道理。就以《守株待兔》为例，它讲了一个农夫偶然得到撞死的兔子后，便放弃农耕守着树再等兔子，最后反而一无所获的故事。教师可以指导学生分析农夫错在哪里，是不应该放弃农耕还是不应该执着地守株待兔等，最后让学生掌握阅读寓言的方法，让他们在整本寓言故事的阅读中，更好地锻炼阅读能力，学习更多人生道理。

二、深层次的阅读活动

在整本书阅读教学时，教师应该带领学生尝试深层次地阅读整本书，让学生改变以往读书的错误意识，让他们可以真正通过阅读整本书，得到更丰富的语文知识，更好地理解阅读的内容。在教学中，教师可以定期组织整本书阅读分享等活动，让学生在彼此的分享中加强交流，对阅读感想进行抒发，让他们对整本书文字表面的关注，逐步转变为对文章内涵的关注，促使学生在阅读中实现阅读、表达、思维等能力的发展。比如，《小英雄雨来》便是一篇节选自同名小说的文章，为学生讲解了雨来小英雄和侵略者机智周旋的故事。为了让学生对本文有更深刻的理解，教师可以鼓励学生对原著进行整本书阅读。而在阅读前，为让学生的阅读更加深入，教师可以提出"侵略者从何而来？他们为什么来？当时的中国是什么样子？你能总结文中的侵略者形象吗？"等问题，在这些问题的引导下，学生对文章的阅读不会变得过于浅显，他们便能从文章表面、文章描写的内容中，探究了解那个特殊的年代，了解战争和侵略，最后对整本书产生更为深刻的思考。

三、教材引导阅读兴趣

兴趣是学生阅读时最好的老师，在整本书阅读教学时，要让学生主动参与阅读，教师应该首先提高学生阅读整本书的兴趣，促使他们在求知欲、兴趣的驱动下，主动参与、积极探索整本书阅读相关的活动。对小学生来讲，激发阅读兴趣的方法很多，教师可以通过教材引导，让学生对某一书提高兴趣，如可以通过一句幽默的话、一个趣味问题等，让学生在阅读教材后，可以将目光关注到相关的书上。比如《宝葫芦的秘密》也是一篇节选自同名作品的文章，学生在阅读中，往往会对宝葫芦有着高度的兴趣，甚至希望自己也拥有宝葫芦。鉴于学生对宝葫芦的兴趣，教师可以鼓励他们对原著进行整本书阅读。为了使阅读更加主动，教师可以在课堂中提出"你想知道宝葫芦都有哪些秘密？主人公经历了什么？"等问题，以问题驱使学生对原著进行阅读，并鼓励他们在阅读后主动分享感想，促进其各项能力的提升与发展。

四、确定文本阅读目标

小学生学会整本书阅读，有利于阅读思维的发展。但是，对初次接触整本书阅读这一概念的学生来讲，他们往往不知道整本书阅读的目标是什么，一些学生甚至将整本书阅读当作看故事、看漫画般的一目十行，对文本进行粗略品读，低年级学生更是如此。为让这一状况得到改善，在引导学生尝试整本书阅读之前，教师要带领学生明确阅读整本书的目标，使其阅读规划变得更为科学，更好地让学生积累阅读学习的经验。比如，小学阶段，学生需要阅读各类文章，而在整本小说的阅读中，教师可以为学生指出"书中都有哪些人物？他们的形象和精神是什么？"等问题充当阅读目标。而在散文阅读中，教师可以为学生提出"书中运用了哪些精彩的写作手法？你能对精彩段落进行解析吗？"等问题充当阅读目标。而鉴于不同学生的阅读能力存在差异，教师也可以尝试为其分层提出难度不同的阅读目标，让整本书阅读显得更有个性化，让更多学生可以主动地进行整本书阅读，促进学生能力的发展。

　　整本书阅读是和传统阅读存在明显差别的阅读方法，它是在阅读教学需要创新改进的背景下，被更多教师积极运用到阅读教学中的。但在常规教学法的影响下，整本书阅读在教学中的运用还没有充分普及，为此整本书阅读的优秀教学案例、教学经验还相对有限，需要更多教师积极探索及总结。小学阶段，整本书阅读可以更好地培养学生阅读的思维、能力及方法，更有利于学生的核心素养发展。在教学时，教师要积极探索整本书阅读和教学的契合性，在教学设计中考虑学生特点、教学需要等问题，实践改进整本书阅读教学的方式方法，更好地促进学生各项能力的发展。

第四章 小学语文整本书阅读教学策略

第一节 低年级的整本书阅读教学策略

在当前小学低年级语文教学过程中，教师应当思考如何将"整本书阅读"策略融入日常教学过程中，应结合低年级学生的学习情况不断调整整本书阅读的实践策略，重点解决低年级学生阅读兴趣不高的问题，并且通过"整本书阅读"使学生从小养成良好的阅读习惯，为后续形成正确的世界观、人生观及价值观提供良好的基础，也为学生后续语文学科及其他学科的学习提供良好条件。由此可见，在小学低年级语文阅读教学过程中，教师要充分意识到整本书阅读的重要作用，无论是对教学目标的实现还是学生阅读能力的提升而言，整本书阅读教学方法都将起到非常重要的作用。

一、小学低年级语文整本书阅读的教学问题

在小学语文低年级教学阶段，将"整本书阅读"策略应用于日常教学过程中，实际上还是存在一些问题，需要教师在教学过程中不断反思与调整，进而发挥整本书阅读教学的最大效果。具体而言，一是阅读兴趣，学生的整本书阅读兴趣有待提高。整本书阅读就篇幅而言，是与单篇短章、碎片化阅读相对的，需要教师在相对集中的教学实践过程中，让学生以完整的一本书为阅读目标开展阅读活动，这对学生的阅读量及阅读能力有较

高要求，而且在教学过程中部分学生存在不喜欢主动阅读的情况，这种情况也限制了学生整本书阅读效果的达成。在目前低年级小学语文阅读教学过程中，学生普遍缺乏对阅读的主动学习兴趣，而且对"整本书阅读"的兴趣也比较低下，这与学生日常的学习习惯有关。学生在平日学习过程中没有过多地接触到整本书阅读的相关知识，从而对整本书阅读也会生出一些畏难心理，学生对整本书阅读兴趣不高直接限制了后续整本书阅读活动的顺利开展。二是阅读行为，学生的整本书阅读习惯没有养成。在具体的整本书阅读活动开展过程中，学生在阅读行为方面有待优化与提升，这主要表现为学生目前尚未养成"整本书阅读"的习惯，更多的是进行片段式、碎片式的阅读，没有足够的耐心来完成整本书的阅读。这就需要教师在后续教学过程中，针对学生阅读存在的困境进行分析，并且采取合理的方式来改善这种情况。三是阅读动机，学生的整本书阅读自主性有待提升。在阅读动机方面，学生由于处在低年级阶段，较为缺乏自主性。这种情况也限制了整本书阅读效果的更好达成，主要表现为学生更多的是在教师布置的任务之下进行被动阅读，缺乏对整本书阅读素材以及内容的学习。这也与学生的整本书阅读兴趣低下以及没有意识到"整本书阅读"的魅力等多方面的原因有关。四是阅读评价，学生的"整本书阅读"评价活动有待强化。在小学语文低年级阅读教学阶段，教师对阅读评价活动的开展也有待提升与强化。在以往的阅读教学过程中，教师更多注重课中内容的讲授，而对课下的一些评价活动没有给予充分的重视。但实际上，阅读评价与反馈工作在整个阅读教学过程中占据了相当大的比重，这对后续学生继续投入到阅读中具有十分重要的作用。

二、小学低年级语文"整本书阅读"教学行动优化措施

1.制订整本书阅读计划，从"浅阅读"走向"深阅读"

在小学低年级语文阅读教学过程中，为进一步发挥整本书阅读的最大

效果，教师首先应当结合教学目标来制订"整本书阅读"计划，让学生能够从浅阅读慢慢走向深阅读。因此，教师在小学低年级语文阅读教学过程中，也应当准确挖掘阅读教学的切入点，并且结合学生现阶段的知识掌握程度来制订更加完备的整本书阅读计划，从有趣的题材入手来引导学生开展整本书的导读工作，通过这样的形式来降低"整本书阅读"的难度。在此过程中，教师可以以周为单位引导学生按部就班地阅读整本书，可以首先借助多媒体为学生拆分整本书的结构，使其在阅读过程中能够对每部分的内容有更加准确的认识。最后，在第二周或者第三周引导学生对整本书进行复盘，使学生重新回顾整本书的内容，初步感受这本书的特色，并且从"整本书阅读"过程中积累更多的知识点。

2.创造良好的阅读环境，构建班级阅读共同体

在具体的整本书阅读教学过程中，教师还应当为学生创设良好的阅读环境，通过氛围的营造来使班级内形成共同阅读的情境。基于此，教师可以打造班级阅读共同体，在班级内部拟定相应的阅读任务，让学生以小组的形式来开展阅读与讨论工作，鼓励学生在阅读过程中通过交流与讨论来加深对内容的理解，也可以让学生分享各类阅读资源，在各自的共同体内部进行相互影响及相互促进。需要注意的是，这里的"阅读共同体"不仅仅是学生之间的资源共享与互动，教师也应当参与其中，对学生阅读过程中的问题进行及时指导，并且结合整本书来进行阅读内容的规划。教师也可以走出学校，鼓励学生家长参与到阅读共同体当中，不断壮大"整本书阅读"共同体，综合提升阅读效果。

例如，教师可以开展《我是霸王龙》《逃家小兔》《爷爷变成了幽灵》《我的幸运的一天》等优秀的绘本阅读活动，鼓励学生家长参与其中，从而有效提升学生的阅读能力，也使学生发现阅读的乐趣，提高学生的口语表达能力，促进学生的思维发散及想象能力的提升。

3.讲授整本书阅读方法技巧，展示阅读成果

在小学低年级阶段开展"整本书阅读"教学过程中，教师还应当保护学生的阅读自信心，对学生的一系列阅读成果进行展示，在这个过程中鼓励学生发表自己阅读之后的感想，并且摘抄出一些精彩的句子进行展示。与此同时，教师可以借助班级文化墙或班级内外的墙面来展示学生的作品，鼓励学生将自己的读书成果进行整理，通过海报或思维导图甚至是图画的形式进行展示，通过不限题材的方式激活学生参与阅读作品展示以及阅读的积极性。

教师可通过这种方式促使学生更加积极主动地开展阅读，并且在小组内部及时就自己在阅读过程中遇到的困惑进行交流与学习，而后续学生在绘制自己的阅读成果过程中，也能够加深对"整本书阅读"的认识。因而，通过这种形式使学生对书中的主旨以及故事的梗要有更加清晰的认识，也为接下来开展更多类型的阅读活动提供了良好的条件。

4.开展"整本书阅读"活动，夯实"家校阅读共同体"

在小学阶段具体的"整本书阅读"过程中，教师还应借助一系列的实践活动来夯实"家校阅读共同体"，鼓励学生家长参与到学生的阅读实践活动当中，并借助趣味化的实践活动促使学生发现阅读的魅力，从而能够在课下主动地开展阅读。这对培养学生的阅读兴趣以及养成良好的师生关系、亲子关系都有非常大的作用。具体而言，为了夯实当下家校阅读共同体，教师可以从以下几个角度来进行思考。首先，教师可作为引导者来引导低年级的学生学习绘本内容，通过为学生提供整本绘本素材的方式进行线上教学，使学生能够准时在QQ群或微信群中免费听教师讲授，全程参与进来。这时教师还可以鼓励学生家长一同与教师进行交流，让学生家长也意识到绘本阅读对学生智力及综合素质提升的重要性。此外，积极开展一系列家校共读活动，当学生及学生家长对绘本有了初步的认识之后，教

师鼓励学生家长结合学生的兴趣进行课外拓展活动，通过一周或者两周来完整读一本书的形式逐步提升绘本阅读效果。最后，在家校阅读共同体构建过程中，教师可以借助家长群的形式及时就学生目前阅读过程中的困境进行交流，通过群聊的方式进行直播与录制，以加深学生对绘本内容的认识，也使学生家长能够高度重视孩子阅读能力的提升。通过这种方式可以有效促进教师、学生与家长三方构建阅读共同体，一同开始阅读之旅。

总而言之，在小学低年级语文教学过程中，教师应当注重提升学生的阅读能力，并积极将"整本书阅读"方法与日常教学相融合，不断提升学生独立阅读、独立思考与独立反思的能力，使其借助多种阅读方法不断提升自身的阅读素养。在这个过程中，教师也应不断地提升自身，不断采取更加优化的方法来提升整本书阅读的教学效果，切实提升学生的综合阅读素养。

第二节　中年级的整本书阅读教学策略

小学阶段是学生语文学习打底子的关键时期，特别是在中年级阶段，学生完成一二年级的学习之后已经认识数量可观的汉字，初步具备阅读的基本能力，但是在阅读习惯的养成、阅读方法的习得等方面仍然需要加强。相对于教材里的单篇课文，整本书更值得我们关注。就农村小学来说，教师既要注重激发学生阅读整本书的兴趣爱好，也要逐渐教授阅读的策略与方法，更需要注意当前整本书阅读存在的诸多亟待解决的问题，尽可能让学生徜徉在经典的海洋中，享受阅读带来的快乐，实现身心健康发展，为人生奠定基础。

一、小学中年级整本书阅读教学现状

从内容方面来看，整本书指的是某个主题作品的结集或者某个作家的作品，篇幅比较长。整本书阅读的形式有很多种，既可以以单元为中心，筛选主题作品进行整本书阅读，也可以将文体作为中心，选择同类作品进行整本书阅读，还可以将单篇的课文作为中心，辐射相关作品进行整本书阅读。但是目前小学阶段整本书阅读教学依旧不容乐观。

（一）学生阅读动力不足

当前，智能手机、平板电脑等电子产品的普及，给小学生带来了强烈的视听冲击，其中的阅读感受是纸质书无法比拟的，不少中小学生深受其害。他们由于缺乏一定的自制力，容易沉迷其中。而经典名著不仅字数多、人物多，而且角色关系更加复杂，造成学生阅读周期长、难度大等问题。他们更愿意将大量时间花在手机或者平板电脑上，而不愿意将目光转移到透着书香味的经典名著上，阅读整本书的内驱力严重不足。

（二）学校支持力不足

大家都明白阅读的重要性，很多学校图书馆、阅览室等硬件设施都比较齐全，但是受应试教育等诸多因素的影响，大多数学校不得不让路于阅读理解的训练，在课时安排方面也不会有明显的倾斜，更不会组织教师进行整本书阅读方面的研讨与交流。可以说，在小学各阶段，整本书阅读及其指导教学只是课堂教学的补充和附属品，可有可无。

（三）教师自身素养缺乏

众所周知，培养学生良好学习习惯是小学阶段语文教学的主要任务，但实际情况是，部分语文教师自身的语文素养就不够，他们脱离学生的生活实际，在烦琐的讲解中把美妙的语言文字"肢解"，让学生越来越害怕甚至讨厌学习语文，其中"低段教学高段化"就饱受诟病。某教师指导阅读《拇指姑娘》时，在带领学生初步理解课文以后，提出"从这句（段）话里，你读出了什么样的拇指姑娘？"这种高年级学生才可能回答的问

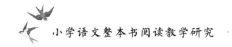

题，最终导致课堂上学生思维短路、鸦雀无声。

（四）家长缺乏共读意识

整本书阅读，既包括学生的读，也包括教师与家长的读，特别是在小学阶段，"亲子共读"作为学生自主阅读的有效补充，对培养学生阅读习惯、形成浓厚阅读氛围具有不可替代的作用。然而，有些家长只注重子女的学习成绩，缺乏全面发展的教育观念，只要求子女阅读与学习密切相关的教辅资料，容易扼杀学生的阅读兴趣。不少家长自身缺乏阅读素养，很难为子女树立榜样，更无法对学生的阅读效果进行评价。

二、小学中年级整本书阅读指导策略

（一）创设具体情境，引导学生爱上整本纸质书

开展整本书阅读教学，需要处理好整本书阅读与整本书共读、教材指定推荐书目与班级自选书目、阅读方法习得与促进精神成长的关系。除此之外，教师还需练就火眼金睛，充分研究教材课标，对学生的阅读情况进行调查研究，了解他们的阅读水平和现状。在此基础上，创设符合小学生认知的情境，引导他们围绕目标进行思考，达成消化知识、理解文本的教学目的，真正地让阅读教学"活"起来，让学生在思考问题的过程中学会阅读。

例如，在四年级上册第四单元的"很久很久以前"主题阅读中，考虑到我们已经在本单元学习过古今中外的神话故事，学生们对神话的基本特点也能够初步理解，但是他们对神话的理解还是不够深刻，那么怎么样才能让学生对神话的认识更进一步呢？笔者展开了如下尝试。首先，利用班级多媒体播放《山海经》的微视频，营造学生喜欢的情境，让他们知道"山海经"的内容，再次感受我国古代神话天马行空的特点。随后提出问

题："同学们，知道其他的神话故事吗？"有学生说"精卫填海"，有学生说"后羿射日"……紧接着，我再追问："这些故事你们是从哪里看到的？还能够复述内容吗？"大多数学生回答是在手机上，但是内容记不清楚，由此引导学生尽可能读纸质的图书，随时可以翻看、做记录。最后，要求学生课后去书店挑选自己喜欢的神话故事书，在班级开展阅读比赛，学生通过了解更多的神话故事，极大地拓宽了阅读视野，而且有效提升了想象能力。

（二）加强课堂阅读指导，让学生逐渐习得阅读策略

整本书阅读教学，学校和教师必须加强有效的引导，注重对学生进行必要的强调，无论是读书的重要性，还是读书的方法指导，或者是读书内容的说明。教师要教会学生如何进行有效的摘抄，如何写读后感或者书评。同时，教师应该加强对教材和其他阅读材料的研究，设计出具体的符合学生实际的教学情境，激发学生的读书兴趣，力求让所有的学生都爱上"读书"这件事，以读书为乐趣。在备课时，不妨结合本学科的特点，梳理出学生在理解文本材料方面可能存在的问题，对照这些问题，进行有效的教学设计，让学生在阅读思考中习得搜集、筛选、处理信息等各方面的策略。教师应该在更加深入的阅读活动中指导学生向会质疑、会思考的"成熟读者"靠近。

以统编教科书三年级上册《安徒生童话》的阅读指导为例，教师可以按照"教师提问——学生提问——自问自答"三个层次引导学生习得提问的策略。教师的提问为的是让学生学习"问什么"的问题，主要包括整本书的基本信息，涉及的人名、时间、地点等，难度较低，便于学生模仿。而学生的提问则要求他们在教师的引导下咀嚼品评整本书的文字，教师引导学生提出"这本书的大概内容是什么？""作者是怎么写的呢？""我有哪些收获？""如果我是书中的人物，会怎么样呢？"等问题，让学生

的思维指向更高层面。当然，自问自答的要求比较高，学生完全成为提问和回答的主角，可能涉及作者的个人经历、写作风格和创作背景等，可能还要进行书与书之间的比较。

另外，学校与教师还必须保证学生读书的时间。例如，我校为让学生有充裕的读书时间，就专门开设经典诵读拓展课，安排固定的读书时间，让学生亲近经典、接触大师，享受着古今中外各国文明的滋养，浸润于华夏民族传统文化的甘露里，充实着自己的思想和行为。

（三）尊重学生个体差异，提高整本书自主阅读能力

常言道，授人以鱼不如授人以渔，在使用小学统编教科书进行整本书阅读指导的过程中，我们也要注意加强"语文核心素养"方面的培育。通过一系列的自主学习活动，学生收获的不仅仅是那些静态的知识，而且懂得了如何形成属于自己的关键能力。我们知道，《快乐读书吧》编排的童话、寓言、神话等都属于故事类的单篇作品集，而且部分文章有特定的创作背景，但是小学生的知识积累与此有着很大的差距，因此，他们学习的时候就可能存在一定的困难，特别是很多学生自主学习能力不够强。此时，教师就应该尊重学生与学生之间的差异，对不同的学生提出不同的要求，借助信息技术手段，如微信、班级小管家等，引导学生自主参与整本书的阅读过程，从而更好地理解课文。例如，在开展四年级下册《十万个为什么》阅读指导的时候，我们可以在学生初读该书的基础上，布置"我来当科学家"的任务，让他们绘制科学地图。同时，让他们结合自己对《十万个为什么》的文本的理解与体验，再在班级进行展示。从学生的课堂表现来看，他们不仅更加熟悉如何介绍文章内容，而且也慢慢学会自己搜集、整理资料，更熟悉了科普作品的特点。

总之，整本书阅读是师生收获成长、取得进步的有效方式。就小学的整本书阅读来说，我们必须从学生的兴趣出发，立足我们的课堂教学，放

眼学生的将来，不断拓展丰富读书活动的形式，尽可能营造浓厚的读书氛围，注重激发学生阅读整本书的兴趣爱好，引导学生习得阅读的策略与方法，让学生享受阅读带来的快乐，实现身心的健康发展，为未来人生之路奠定基础。

第三节　高年级的整本书阅读教学策略

最新《义务教育语文课程标准》"阶段目标"中对小学高年级学生阅读作出了明确要求：广大语文教师要不断扩展学生阅读面，确保学生课外阅读总量不少于100万字，整本书阅读是实现这一目标的最佳途径，也是小学生课外阅读的重要素材。但整本书阅读不同于单一的文章阅读，相较于单篇文章阅读，整本书阅读内容更复杂、信息量更大、阅读难度更大、蕴含的思想情感更丰富，在学生饶有兴致阅读的同时，有方法的阅读乃是整本书阅读质量的保障。为此，语文教师必须对学生整本书阅读进行科学指导，激活学生兴趣、培养学生阅读习惯的过程中也要"授人以渔"，开展多样化阅读活动，以趣导行为，以行铸习惯，以方法强自信，以自信提质增效。

一、读前——激趣，唤醒整本书阅读意识

（一）书名激趣

一本书的名字包含的信息是很多的，有的书名比较清晰，有的书名比较模糊。无论是清晰的还是模糊的，都可以成为激发学生阅读兴趣的重要因素。在指导学生阅读整本书之前，我们不妨引导学生根据书名想象，想一想书中可能涉及的人物、讲述的故事……以想象唤起学生的好奇，以好奇激活学生的兴趣，促使学生想要打开一本书一探究竟。

（二）人物激趣

经典人物是一部好作品的"灵魂"，形象鲜明、个性独特、情感丰富的人物也是让学生对文本产生兴趣的最佳因素。指导学生读一本书前，语文教师不妨先给学生讲一讲这本书中典型人物的小故事，例如鼓励学生课外自主阅读《长袜子皮皮》《草房子》《窗边的小豆豆》这些书时，课堂上我们就可以先给学生简单介绍书中的人物，让学生发现人物魅力，从想完整了解一个人物逐渐向完整了解一部作品过渡，激发学生阅读兴趣。

（三）氛围激趣

环境是影响学生阅读意识和兴趣的又一重要因素。从古至今，我们一直都强调环境的重要性，经典故事"孟母三迁"，经典俗语"蓬生麻中，不扶自直；白沙在涅，与之俱黑"都反映了环境对人和物的影响。为真正唤醒学生阅读兴趣，语文教师还应当给学生打造良好的读书氛围。一是为学生打造书香家庭阅读氛围。家庭是小学生成长和生活的主要场所，家庭氛围影响孩子的学习和生活习惯。语文教师可引导家长树立读书观，通过微信、钉钉等渠道给家长推送经典好文，让家长先意识到读书的重要性，然后鼓励家长进行"亲子阅读"，以互相提问、共同监督的方式与孩子同读一本书，每学期评选一次"书香家庭"，逐步形成良好的书香阅读氛围，给学生打造一个整本书阅读环境，增强学生的读书意识。二是营造书香班级读书氛围。教师参与学生的阅读过程，给学生树立一个读书榜样，唤醒学生的阅读兴趣。例如，充分利用早中晚三个时段组织学生进行"晨诵、午读、暮省"活动：晨读时用课前两分钟和学生一起诵读一本好书中的经典词句；午读时和学生一起读一本好书中的精彩段落；暮省时和学生一起背一背整本书中的经典句子。从早到晚，让学生沉浸在读书的氛围中，感受读书的快乐，逐渐愿意去读一本书。

二、读中——深入，提高学生阅读效率

读一本书决不可"浅尝辄止"，要想让学生在读书中有所获益，语文教师势必要引导学生从粗读走向深读，既要掌握整本书的大致内容，也要掌握整本书的核心思想和情感态度，更要深刻反思，从读整本书中形成个人独特见解，小学高年级学生整本书阅读应该以此为任务。因此，在激活学生阅读整本书的兴趣之后，引导学生深入地阅读整本书是阅读价值和效率的保障。

（一）运用思维导图，让阅读有内容

由于整本书信息量大、字数多，很多学生一开始总是无从下手。为此，在指导学生读整本书时，我们运用了思维导图法，以导图导读，引导学生有的放矢地阅读整本书。以《汤姆索亚历险记》这本书的阅读指导为例，我们首先给学生出示《汤姆索亚历险记》的情节导图，引导学生梳理汤姆五次历险时发生的主要事情，循序渐进地厘清整本书的脉络，让学生快速掌握整本书的大致内容，同时提高学生阅读速度，间接培养学生的抽象思维能力、概括能力和逻辑能力。

（二）授人以渔，让阅读有效率

良好阅读能力是学生"深入"阅读的关键，也是提高学生整本书阅读效率的前提。指导学生阅读整本书必须教给学生正确的阅读方法。我们认为小学高年级学生阅读整本书至少应该做到"四读"，运用"四法"。一读封面，了解整本书的特点；二读目录，了解整本书的大致内容并能够根据索引查找书的内容；三读序言，了解整本书概要；四读插图，借助插图理解书的内容。一法是比较，引导学生比较整本书中的人物形象，了解人物的语言，传递的精神和思想；二法是分析，分析整本书的经典和细节内容，在反复品读和咀嚼中理解人物、厘清故事、读懂内容；三法是归纳，

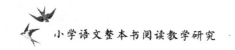

读完一个故事后归纳主要内容，读完整本书后更要归纳总结全篇内容；四法是感悟，读后思考，谈感受，提炼主旨，升华情感。

（三）培养好习惯，让阅读有思维

好习惯是使整本书阅读有意义、有思维性的基础保障。鉴于小学高年级学生认知水平、阅读能力和整本书阅读的特点，我们认为指导学生阅读整本书时应有意识地培养边读边写边思的习惯，正所谓"不动笔墨不读书"。阅读整本书过程中，学生应该对书的内容有自己的思考和理解，读的过程中能够拿起笔圈一圈、画一画，写一写批注，抄一抄好词佳句，谈一谈写法的妙处，随笔写下几句读后的感受和启发……逐步养成边读边想、边读边写、边读边悟的好习惯，在阅读整本书时手脑并用，读得更有思维性，更有深度。

三、读后——总结拓展，增强学生阅读自信

（一）开展读书交流会

学生读完整本书后，一定会有很多话想说，会有很多个人理解，让学生以"读书交流会"的形式表达个人感受最适合不过。如教学完《最后一头战象》后，推荐学生读沈石溪的《狼王梦》，要求学生一周内读完，然后组织学生开展一次"读书交流会"，鼓励学生谈一谈自己在此次读书中的收获，碰撞思想的火花，获得思想的启发。又如，鼓励学生在交流会上各抒己见，推荐自己喜欢的图书，共享阅读感悟，激发学生阅读的自豪感。

（二）组织文学表演

表演是学生非常喜欢的一种活动，也是有利于学生深入理解文本的活动。指导学生读完整本书后，鼓励学生故事新编，以表演的形式来演绎

文学作品也是值得尝试的。例如组织学生演《三国演义》中的"桃园三结义"，演绎刘备的忠厚善良、礼贤下士，关羽的忠肝义胆、一身正气，张飞的勇猛粗暴、疾恶如仇。其他学生在观看表演的过程中也能对书中的人物有更深入的认识和理解。此外，阅读手抄报、读书板报、读书笔记展示……这些都是对学生整本书阅读进行"总结拓展"的好活动，语文教师可根据学生实际情况灵活开展读后交流分享活动，让学生在活动中享乐趣，强自信。

阅读整本书是小学语文课标的基本要求，也是拓宽学生知识面，提升学生语文素养的重要途径。语文教师应不断探索指导学生阅读整本书的方法，激活学生阅读兴趣，促使学生"深入"阅读，引导学生读后总结拓展，让学生带着兴趣，深入、自信、有效地阅读整本书。

第四节　整本书阅读，学会由厚读薄

统编语文教科书经过不断的改编，构建了从教读到自读再到课外阅读"三位一体"的阅读教学体系。整本书阅读带来了语文阅读教学的创新和创智。通过整本书阅读，可对整本书的主题、人物、思想价值产生深刻的认识。在整本书阅读中，通过"夯实基础、设计共读单和尝试体验著作和学会发现独特之处"，为学生的整本书阅读带来价值，实现由厚到薄。

一、夯实阅读基础，实现整本书阅读密度

整本书阅读需要调和学生的阅读兴趣，让学生在积极的阅读心理中，沉静心灵，最终激发学生对书的创作背景、人文历史，所辐射的创作思想及多元时代价值进行深度探究。教师要对学生们的阅读情况进行具体、及时的指导，以保持他们持续阅读的兴趣。

（一）结伴每日阅读

教师引导学生组合成团队，在同伴阅读中，形成阅读的磁场，从而在相互探讨中，引导学生对整本书阅读产生自己的阅读动机和计划。如果不仔细阅读，就无法在交流中自如地和同伴交谈，这就会促使学生事先认真地读书。在阅读验收中，注意小组分工，对学生的阅读状态进行评估，让学生能在每日阅读中，找寻到属于自己的阅读乐趣，感悟到阅读带来的群体比赛之乐。

（二）尝试头脑风暴

阅读中最大的兴趣来自阅读本身，即从书中获得乐趣。大部分书都分章节撰写，教师可以围绕几个章节设计不同的话题，引导学生在初读的基础上深读深思，读出每本书的精华。如阅读《西游记》一书时，教师在引导学生每天完成2至3章阅读量的基础上，可以设计这些话题与学生进行讨论交流：

（1）孙悟空三打白骨精，师父却认为是误伤人命。生活中，被别人误会了该怎么办？

（2）孙悟空偷吃人参果，被道童骂了之后，他一气之下推倒了人参果树，惹下大祸。你认为生活中该如何好好生气？

（3）唐僧师徒取经路上经受了妖魔鬼怪的种种诱惑，猪八戒屡屡中招。说一说该如何面对生活中的诱惑。

学生边阅读边围绕这些话题展开讨论，表达自己的独特观点，阅读变得更有趣味。

二、设计一份共读单，带动整本书阅读厚度

共读单是学生在共读过程中的学习记录单，教师在文本解读的基础上，根据文本实际、共读目标，对整本书进行日程划分，每天以学习任务

为载体，让读写目标清晰可见，达成精细化的阅读导学。共读单可以解决学生读得浅、不够主动的问题，通过共读单，可以将学生读一本书的活动转变为持续地读一本书的过程，将静态的学生阅读行为可视化。

经过一年的实践，我们将共读单设定为五个固定板块：共读时间、共读内容、我会圈画、思维导图、小实践。共读内容是当天或当周阅读的内容，这两块的内容都是根据共读计划而定的。"我会圈画"这一板块聚焦的是学生边读边批注的能力，设计核心问题，让学生动笔圈画，写下感受。

"思维导图"板块的设计侧重于对书中故事情节的梳理，如《稻草人》这本书中《小白船》这个故事的思维导图，就是让学生厘清乘船离开到回来这期间发生的事情。这个故事传递了浓郁的生活温情，教师可以引导学生来细致思考。如《月姑娘的亲事》《旅行家》这两个故事的思维导图也是通过梳理不同人物的不同特点来了解故事大意。可以对其中的人物特点、人物和其他人物的关系作出梳理。思维导图的设计除了可以侧重情节梳理，还可以指向方法、指向故事的主题等，同时带给学生自己对不同内容重点的理解。《画眉》和《快乐的人》是《稻草人》这本书中的两篇故事，在学生共读完这两篇以后，设计表格，让学生将这两个故事进行对比。如《画眉》讲述了一只画眉鸟的奇遇，表达了对自由的向往，可通过类比的方法，引导学生来思考稻草人的境遇，让学生通过对比来理解隐含的主题：什么是真正的快乐。又如《皇帝的新衣》的思维导图是指向故事结构——反复。在《快乐的人》的思维导图中，对快乐的根源作出了梳理：快乐在于一种内心感受。总之，思维导图的设计是引导学生去提炼情节，去横向比较，去纵向思考，去探究原因，让学生每天的共读产生最大的价值。

小实践板块的设计可以提升学生的实践能力，围绕共读内容，画一画、动手做一做、演一演等都可以作为小实践的内容，小实践的设计能够增加学生的共读乐趣，从书的世界走向生活的世界。通过整本书阅读计划的巧妙制订，在思维导图的应用下，让学生懂得既要有原始阅读，融入初感，更要激发自己的创意阅读。

三、尝试体验著作，实现整本书阅读温度

整本书阅读中最重要的一个环节是学生的自主阅读，只有他们每个人参与读书，阅读才能真正落实。但在整个阅读过程中，教师仍要始终关注学生的阅读进程，而不是只负责把书发放给他们。好的阅读是持续的，只有持续的阅读才是有效的阅读，才是真阅读。在阅读推进的过程中，教师可以采取以下方法。

（一）精读深思，批注助读

阅读，需要让学生和作家对话，尝试能融入作品中，理解作品创作的深意，最终激发在阅读中的自主思考，学会迁移到自己。但很多学生在阅读时仅停留在泛泛而读的阶段，读书与思考不能结合，这是一种表象的浅阅读。高年级的学生，教师应该培养他们阅读的深度，而边阅读边批注，就是一种深入的阅读。

在阅读《中国神话故事》《希腊神话》时，可以让学生在阅读时圈圈点点画画，精选自己喜欢的段落，仔细沉入文本，认真做批注，边读边思考边对话，在阅读中涵泳文字，在字里行间感受作家语言文字的魅力。

（二）群体交流，分享感悟

阅读中最大的兴趣来自阅读本身，即从书中获得乐趣。一般的书都分为不同的章节，教师需要带领学生在沙龙式的讨论中，领略书中独特的内涵，感悟阅读带给自己的哲理，学会在欣赏作品细节中作出审辨。

在阅读《中国神话故事》《希腊神话》时，在学生每天完成2至3章阅读量的基础上，我们设计了一些话题与孩子进行每日交流。

神话中的"博爱"	博爱，就是博大宽广的爱，"博爱"往往通过具有神力的人物来再现一种博爱精神。神话中的博爱人物，往往具有宽阔胸襟，能够如爱之神般拥有宽广博爱的心灵。如中国神话《女娲补天》中，就塑造了一位具有博爱精神的女神形象。
神话中的牺牲精神	牺牲精神表现在人物不顾自己的生命，甚至甘愿献出自己的生命，这种牺牲是博大的，更是伟大的，这种精神来自对信仰的追求，"牺牲"是自己捍卫正义的体现。如《盘古开天辟地》中的盘古就是一位拥有博大牺牲精神的神。
神话中的"正义"	神话人物个性突出，其中人物的正面和反面特性非常明显，富有正气的人物，对正气的向往，对和平的向往是大无畏的。如希腊神话《普罗米修斯》中的赫拉克勒斯就是这样一位有正义感的人物。

　　学生边阅读边围绕这些话题展开讨论，阅读变得更有趣味。每个学生都能畅所欲言，表达自己独特的观点。

四、关注独特写法，带动整本书阅读深度

　　在整本书阅读中，教师要培植学生阅读的"发现力"，从合作阅读中找寻书中独特的内涵，对书中独特的写作手法作出深度思考，从而研究其中折射的道理，在深度探究中学会对作品的关键信息进行融合，带着自己的个性化见解来理解。

（一）关注独特之处

　　在读完《三国演义》这本书后，可以引导学生关注书中独特的"三幕式"结构，关注作家独特的表达方式。

　　例：《三国演义》写作方法讨论课

　　主题：藏在书里的"三"

　　我们会发现，在《三国演义》以及很多中国古典文学名著中都有这种使情节"一波三折"的"三幕式"结构，请同学们小组合作，找一找书中的"三"，再想想作者的用意是什么。

　　小组交流后汇报：

　　我们组认为书中"三"的情节非常吸引人，让我们一读就停不下来，

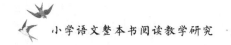

想知道故事到底怎样往下发展。

我们小组认为小说中的"三"使得故事情节更曲折，吸引我们继续阅读下去……

教师总结归纳：

长篇小说设置"三幕式"结构，增加了情节的曲折跌宕，使我们不停地阅读下去。那我们在平时写作时，也可以运用这种"三"的模式，既可以丰富内容，又可以更好地展现人物的性格。

在对书中情节、人物、主题进行交流后，还可以引导学生展开思考：这本书在写法上有什么独特之处？带领学生跳出书本，关注整本书语言表现上的特点，比如生动传神的人物形象、优美迷人的环境描写，抓住关键处进行深入体会。

（二）汇聚研读成果

在汇报研读成果后，教师可以引导学生将自己的阅读感悟进行汇总，同时进行成果展示，进而将最终成果进行发布。

1. 导读创智阅读

阅读后，教师可以开展一系列动态的阅读活动，维持学生阅读的兴趣。根据学生的不同年龄段，可设计角色名片、故事地图、思维导图、制作书签、场景再现、撰写书评、读书笔记等活动。从开始阅读到成果展示，学生用图画、文字等多种形式进行表达，是从输入到输出的过程，也是学生对这本书再阅读、再思考、再总结的过程。如阅读《鲁滨孙漂流记》一书后，可以引导学生再次回顾整本书的情节，制作思维导图或故事地图。

2. 课本剧润趣读

如阅读《鲁滨孙漂流记》后，让学生选择最喜欢的章节，想象随着鲁滨孙一同历险，进行创造性表演。学生们有的展示了鲁滨孙成功捕猎时的喜悦，有的表现了鲁滨孙遭遇野人侵犯时的惊险，有的表演了鲁滨孙和朋友一起大快朵颐……现场气氛热烈非凡，学生们尽享阅读的快乐，不管表演者还是观众，都做到了"身入其境"，真正沉浸到作品中，使阅读走向更深入。

整本书阅读是顺应统编教科书编排体系，为人所提倡的一种创新阅读方法。在整本书阅读中，学生的阅读能力有了很大的进步，阅读的创意感和方法都在积累。整本书阅读通过多种方法的锤炼，带给学生深度体验的思考，最终让学生学会由厚到薄，实现阅读的深化。

第五章　整本书阅读教学的指导策略及课型范式

第一节　整本书阅读教学的指导策略

一、设置悬念，激发读书欲望

好奇心强是小学生的特点，教学时可以通过图片想象、目录猜测、片段阅读、媒体展示等方式，激发学生的阅读欲望。可以说，设置悬念是很有效的阅读推荐策略。教学《窗边的小豆豆》时，教师是这样导入的——

孩子们，你们想象过这样一所学校吗？它的大门是由两棵小树长成的，每个学生在校园里都拥有一棵属于自己的专用树，几辆电车就是教室，更奇特的是想上什么课就上什么课，下午的时间还可以去公园散步，暑假里老师还会带学生去海边泡温泉！从你们的眼神中，我看到你们都很惊讶和羡慕，感到不可思议！想去这所学校看看吗？这所学校就在老师今天要推荐给同学们阅读的这本书里（出示图书）。

二、猜测想象，引发阅读期待

小学生对感性的、具体形象的、有趣味的东西比较感兴趣，这样的东西也最能引起他们的关注和思考。因此，要精心选择能引发学生愉快情绪和情感共鸣的内容作为教学的切入点，引发学生强烈的阅读期待。在教学《窗边的小豆豆》时，看到小豆豆上课时的表现，你觉得这是一个怎样的小女孩呢？（调皮、淘气、好奇、好动、古怪）是呀，老师也觉得她很奇怪，也很调皮、淘气。你猜猜看，这么一个淘气的孩子长大了会怎么样呢？一石激起千层浪，孩子们纷纷猜测想象，想读下去的欲望一下子被激发了出来。

三、感受影响，产生阅读向往

除了作品本身之外，作者的人格魅力、别人对作品的评价、作品在老师或读者心目中的位置等信息的传递，都会让学生对作品产生浓厚的向往之情，产生继续阅读下去的冲动。《绿野仙踪》的作者鲍姆的经历有些传奇色彩，在阅读前讲讲作者的故事，尤其是他创作《绿野仙踪》的经过，学生们怎能不产生阅读的向往呢？

四、及时推进，要向深处漫溯

1.方法指导，助读下去。教师要根据学生的实际情况和作品的特点，有层次、有坡度地设计一些方法指导的内容，有的放矢，不断渗透，让学生联系自己的阅读实际，逐步掌握阅读方法，提高阅读能力。从阅读方式的角度讲，要指导学生学会精读，重视略读、浏览、速读、跳读等方法。从文本的体裁和题材的角度讲，则有猜测、推论、统整、联结、提问、视觉化等。教师要让学生在阅读中学习阅读的方法，并且自觉地运用到阅读中去。为了督促学生读下去，班级可制定阅读进度表，标注学生阅读进度，激发竞争心理，内驱其读下去。譬如《夏洛的网》教学设计，让学生掌握基本的读书方法。读封面，了解作者、译者，学习如何选择不同版本的译著。读封底，了解小说内容，得到初步情感熏陶。循着线索读人物表，从人物走进事件。读目录，学会准确定位章节，选择感兴趣的人物或景物片段，带领学生朗读、品味、赏析，引领其学会精读与浏览相结合的方法，确定本书的价值。

2.话题引领，带动阅读。教师要定期跟踪学生的阅读进度，及时消除学生的疑问，组织学生讨论某个有趣的话题，激发学生继续阅读的热情。如讨论人物形象，品读重点段落，交流故事情节，理解整体内容……从而让学生在阅读实践中掌握更多的阅读方式。例如指导阅读《夏洛的网》时，设计讨论话题："夏洛是什么样的人？"要求学生认真阅读夏洛的语言及行为，结合经典片段、独特情节、感人细节，通过小组合作，或有感情地朗读，或角色扮演等方式了解夏洛的奉献理念，了解夏洛对威尔伯的影响，从而塑造无私奉献的榜样，引领学生健康成长。

3.比较发现，展开分析。开展专题阅读指导活动，引导学生有效阅读某类作品，感受阅读的乐趣，理解作品特征，掌握阅读技巧。作家不同，同一题材作品的创作风格、语言表达、作品主题展现方式可能也不同。教师在指导阅读时，要高度明确阅读目标，注重采用多样化指导方式，鼓励学生展开阅读实践，循序渐进地掌握科学阅读方式，不断提高自身阅读能力。例如阅读《了不起的狐狸爸爸》和《列那狐的故事》后，要求学生展开比较，分析两个作品中的狐狸的异同点。其相同点：聪明、机敏、爱家。其相异点：前者善良可爱，后者凶残险恶。合理有效的比较分析不仅能概括整本书的内容，还能引导学生效仿正面形象，懂得辨别是非，开阔自身视野。

五、交流分享，提升阅读品质

1.练习复述，掌握表达。开展阅读交流活动，请学生回顾作品大意，介绍个人最喜爱的情节，不仅能增强学生对阅读作品的记忆，培育学生的言语表达能力、逻辑思维能力，使学生掌握复述方式，还能让其他未读过作品的学生产生阅读兴趣。比如复述《三国演义》中的《草船借箭》《温酒斩华雄》时，学生讲到精彩情节会激动不已，仿若事情就发生在眼前，从而使其他学生产生更强的阅读意愿。

2.回顾知识，举办竞赛。结合书中内容设计问题，开展知识竞赛，考查学生是否完全了解书本内容与人物形象。例如阅读《水浒传》后，设计"歇后语补充""谁的绰号""哪位好汉"等题目，鼓励学生参与答题以深入掌握书中内容。

3.交流方法，分享体验。每个学生都有自己的阅读方式。即便阅读内容相同，阅读方法也可能不同。有人偏好默读，有人偏好边读边画，有人喜欢边读边批注，有人偏好快速浏览。不管是何种阅读方法，只要能完成阅读就是好方法。在组织学生开展阅读交流活动时，鼓励学生分享自身的阅读方法、阅读感受，或者提出个人不解之处。

4.评议人物，掌握写法。大多数文学类作品、故事类作品都倾向于塑造某种人物形象。学生阅读完成这类作品后，教师要组织学生梳理、评议人物形象。评议人物时，要引导学生从不同视角展开分析，使学生更立体地感知人物形象。如讨论《三国演义》的人物形象时，可以对不同人物的个性特征进行比较分析，或对人物形象的某种经典特征进行归纳：诸葛亮聪明机警，关羽忠厚义气，曹操奸诈。不同作品的表达方法有所不同，在讨论交流时要特别关注。例如《亲爱的汉修先生》的写法是书信与日记相互穿插，而《草房子》则是相对独立的人物故事集合。

六、活动延伸，深化读书体验

阅读交流活动结束，不代表整本书已完全读完。教师可结合整本书阅读状况设计其他形式的活动，引领学生获得更深刻的阅读体验。

1.比较阅读，开阔视野。不少经典作品都被翻拍成了电影，在阅读交流活动结束后，教师可组织学生观看同一作品改编的电影。例如阅读《草房子》《城南旧事》后，再观看其翻拍的电影，展开跨界比较，细细体会不同表达手法下的原作品呈现方式。

2.形式多样，充实生活。教师可要求低中年级学生根据书中的人物形象描述绘画人物肖像，或设计人物造型，或编排人物话剧；要求高年级学生撰写读后感，或写作读书笔记，或展开迁移写作。例如阅读《亲爱的汉修先生》后，让学生扮演收信人，以信件往来方式诉说自身的故事；阅读《昆虫记》后，向主人翁法布尔学习，认真观察某种小动物，仔细记录其生活习性。

3.建设舞台，展示成果。每周或每月定期举办讲故事比赛，或文章朗读比赛，或古诗接龙擂台赛，评选出优秀的故事大王，或读书状元，或合格的小诗人，并将他们的照片粘贴在学校或班级的"我们的榜样"栏里，激励其他学生主动参与活动。又如举办成语接龙活动、诵读小品文活动、笠翁对韵活动等，在活动中引导学生自觉记录成语、背诵诗歌、朗读短篇，着力增强学生参与阅读竞赛的热情，在吸引学生自主阅读文本的同时，帮助学生巩固阅读成果。

4.家校沟通，携手推进。当下孩子的阅读，大都是没有引导下的自在阅读，这是一种浅阅读，起不到精神打底作用。这就要求孩子的阅读要在学校老师或有见地的家长指导监督之下完成。家长不仅应该是孩子肉体的监护人，更应该通过引导和陪伴孩子阅读，成为孩子精神世界的魔法师。因此，课外阅读取得效果，家校建立合作关系，保持适度沟通十分必要。教师要指导家长如何帮助孩子进行课外阅读，并提出明确的要求。帮助孩子选择有趣有益的读物，建立家庭阅读"硬环境"，至少藏书30至50本。每天保证20分钟的"亲子共读"，包括起步阶段父母读给孩子听；孩子有了一定的知识储备和阅读能力后，和孩子一起读自己喜欢的书。这是家庭重要的"软环境"。读后还可以举办家庭读书会，和孩子聊聊书中感兴趣的部分，这对培养孩子阅读的兴趣和习惯也是有益处的。同时，利用信息平台，家校动态沟通。利用信息化平台，建立班级QQ群、家长微信群，及时把老师每天布置的阅读内容和要求告知家长，使家长能适时指导、监督。同时，家长在阅读指导中出现的问题也能及时反馈，从而调整指导方法，取得好的效果。

第二节　整本书阅读指导策略的课题研究成果

在深入开展课题研究之前，2018年9月我们对学生整本书阅读情况进行了抽样问卷调查，问卷对象为各年级学生，一共发放问卷200份，结果发现学生阅读兴趣不浓，每日花在阅读上的时间较少，多是碎片化阅读。特别核心的问题是：学生每日阅读时间这么少，而花在阅读文学名著上的时间更少，阅读内容的选择上倾向于"好玩"、简单、文字少、图片多的漫画和浅显的故事书，阅读停留在浅层阅读。针对这种现象，我们课题组确定首要解决的问题是：创设阅读机会，营造阅读环境，提供阅读书籍，激发阅读兴趣。

经过两年的课题研究实践后，2020年9月，课题组再次进行了问卷调查，同样是原来的班级，200份问卷，从统计数据看，学生每日阅读时间大幅度增加，阅读兴趣浓厚，阅读内容丰富多样，且以文学经典著作、整本书为主，尤其是阅读整本书的数量从人均每年3.5本，跃升为20.8本，每位同学能掌握几种整本书阅读的方法，这证明课题研究取得了良好的成效。

一、提炼整本书阅读指导策略

课题组立足课堂，深入实施阅读课型研究，通过"集体备课—观课议课—同行点评—专家引领—反思提炼"等步骤，构建了借用"阅读单"的三种整本书阅读的指导课型。一是读前推荐课。此课教学一般安排在每本书阅读的第一课时，主要营造阅读情境，向学生推荐书，提出阅读要求，激发阅读兴趣和期待。其教学流程为：创设情境——介绍图书——了解作者——提出要求——初读印象。二是读中交流课。此课一般安排在整本书的阅读中期，主要解决学生阅读中遇到的疑难问题，答疑解惑，促进深入阅读下去。交流阅读妙招，相互促进，带动全员阅读、全程阅读，达到阅读能力的整体提升。其教学基本流程为：汇报进度——质疑问难——答疑解惑——妙招分享——后续部署。三是读后汇报课。此课一般安排在整本书阅读结束后，主要是品析、欣赏、实现读写迁移。课堂上或是品读整本书，或是品读精彩章节，或是品析人物形象，或是品读写作手法等。其教学基本流程为：分享收获——精彩回放——总结提炼——读写迁移。例如：阅读《对岸的火光》，有位老师运用"百千"导师指导的四张不同的阅读单来上好整本书阅读指导课的"三课"。

整本书的阅读指导课，以这三种课型为主导，并不是只停留在这三种课型。另外还有与教科书"阅读策略单元"紧密联系的"阅读方法指导课"，以"预测""精读""跳读""用思维导图梳理"等策略指导的课型。结合各年级阅读目标，阅读方法指导课的教学各有侧重，其基本流程为：提出教学目标——讲解阅读方法——范文引导——练习巩固。另外还有"文学欣赏课""读写结合课"等课型，在课题组教师的探索实践下，不断成型。

二、根据读本，分步推进的策略

为了让整本书阅读能够深入、有效，摒弃浅层阅读，达到读一本有一点收获的成效，课题组教师提炼了一本书分步推进的基本流程。在读一本书基本流程的基础上，还要具体根据统编版教材阅读文体和要求的不同，从年龄角度划分不同的阶段，教师时刻关注学生阅读整本书的进程，全程伴读指导。例如：一、二年级主要针对短篇儿童文学作品绘本、童话、寓言、童谣等的阅读。在这个阶段，让学生多接触书，爱读书就可以了，不对他们做太多的要求，教师进行一些简单的阅读习惯和阅读方法的引导就可以。比如说，主动阅读；借助图画和拼音阅读；学会分享、交换图书；注意看书名和作者，爱护图书；学会看目录等。在这一个阶段，主要激发起学生的兴趣，培养起良好的阅读习惯，从而为中年级的阅读打基础。

三至五年级进入篇幅较长的汇编类作品的阅读，这个时候开始有阅读方法和文体特点的渗透。如：三年级上学期，学生在读童话的时候要学会想象，能把自己代入故事；三年级下学期，学生要能读懂寓言故事，并且能联系生活经验，理解故事中的道理。到了六年级，为了跟中学的名著阅读进行衔接，教材编排阅读现代中长篇名著，文体不同，要求的阅读方法就比较难了。比如六年级上学期，学生要能以主人公为中心梳理人物关系，并把人物和情节联系起来记忆。到了六年级下学期，学生要能沉下心来读漫游主题的世界名著，学会根据梗概了解写作背景并做读书笔记。到了中学以后，学生要学习名著导读栏目，整个名著导读栏目都是阅读方法的讲解。正因为年级段不同，要阅读的书不同、文体不同，所以教师要有分阶段要求、分步推进的策略意识。

三、立足生本，"4+N"的方法策略

小学生整本书阅读，其主要阅读活动在课外自主进行，所以掌握一定的阅读方法很有必要。阅读方法的指导，除了依据文体，还应立足"生本"。我们课题研究小组在研究过程中总结、提炼了"4+N"的方法策略。

趣味性的猜读：阅读一本新书前，我们常常根据小学生好奇心强、爱探究的年龄特征，引导学生运用学到的"预测"阅读策略，猜猜这本书会写什么，猜猜作者是一个什么样的人，激发阅读兴趣，引起阅读期待。引领预测的切入点有多种，如引读《宝葫芦的秘密》，设计猜一猜：葫芦里会有什么秘密？如果葫芦是你的，你希望它具有什么样的秘密法力？还可以根据封面、目录、故事的内容、个人的生活体验，进行猜读，让学生带着阅读期待走进整本书，读后将原文与自己的猜测进行印证，常常有猜中

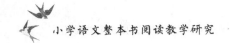

的惊喜，阅读就变得趣味盎然。

浏览性的泛读：对大部分浅显易懂的书或阅读价值不高的书刊，我们教会学生浏览法，即"随便翻翻"。浏览性的阅读帮助学生提高阅读的效率，减少无用功的消耗。浏览性的泛读还可以与精读结合起来使用。

探求性的速读：为了达到某个特定的目的或完成某项任务，我们训练学生快速阅读，每分钟大约能读200多个字，即所谓的"一目十行"。如学生学了漫游、历险类的外国文学作品单元，想进一步了解这类文学作品，就可以进行探索性的速读。

品味性的精读：对名篇名著和其他文质兼美的优秀作品，我们要求学生静心细读，梳理人物关系，把握文章情节，体会立意构思，揣摩布局谋篇，欣赏妙词佳句，甚至熟读成诵精彩片段。

除了以上"四法"，老师们还指导学生用"跳读""读梗概""低年级绘本图文结合读"等方法，进行作批注、写读书笔记、制作阅读卡、再创作、边读边思考、复述等多种形式的专项训练，引导学生逐步掌握分析、概括、比较、综合、联想等思维方法，形成"4+N"的多元阅读方法体系。教师指导学生灵活运用"4+N"方法体系，得法于课内，得益于课外。

四、依托教材，内容整合的策略

为了让学生课内阅读能力的习得与课外整本书的阅读结合起来，我们研究提炼出依托教材、整合教学内容的阅读指导策略。对于一些节选的课文，学生可以沿着课文找书读（读整本书）。比如读了《我的长生果》，如果对文中提到的巴金的《家》感兴趣，学生可以找来读。学习了法布尔的《蜜蜂》，如果学生对动物感兴趣，可以读一读法布尔的《昆虫记》或者《动物素描》。如果学生觉得冰心的《忆读书》写得很有趣，可以找她的其他作品读一读。如某教师教学五年级下册《红楼春趣》，引导学生读《红楼梦》；教学《景阳冈》，引导读《水浒传》；教学《猴王出世》，引导读《西游记》；学完这个单元，设计了阅读指导课"读古典章回小说，品民族文化魅力"，和学生共同归纳出古典章回体小说的几大主要特点，交流分享借助"回目"阅读古典章回体小说的几个小妙招。这样形成链接阅读，使课内单篇阅读触发读整本书。

统编版教科书已经在有意识培养学生进行整本书阅读。从一年级开始设立"和大人一起读""快乐读书吧"等栏目，意在将学生的课外阅读纳入课程进行整体的规划设计，确保学生的课外阅读常态化、课程化，能取得实实在在的效果。我们教学"快乐读书吧"栏目不是一节课完成的，而是贯穿一学期的系列活动，按阶段推进读书进程。例如，三年级上册"快乐读书吧"阅读童话，某教师在学期初就带学生制订课外阅读计划：9月，阅读《安徒生童话》；10月，阅读《格林童话》；11月，阅读《稻草人》和《鼹鼠的月亮河》；12月，阅读《柳林风声》和举办个人创编童话比赛。一学期下来，学生读了多本童话，还读写迁移，由读童话到编童话。小学六年，每学期确定不同的阅读主题，一学期一个主题，有计划有步骤地引导学生阅读更多的整本书。如读寓言故事时，不光读《中国寓言故事》，还读《伊索寓言》《克雷洛夫寓言》《拉·封丹寓言》，感受古今中外寓言"小故事大道理"的特征，教给学生阅读寓言的方法：读懂故事，懂得其中道理。内容的整合，遵循"从一篇到一本、从一本到一类、从一类到多元"的原则，逐步培养学生的阅读习惯，让学生的阅读更系统、更高效，一点一点夯实阅读基础。

五、活动承载，激发动力的策略

多样的活动，可以促成阅读环境的"互通催化"，为孩子营造出可持续成长的阅读氛围和空间。小学生整本书阅读习惯的培养、能力的提升，不是一日之功，由于小学生阅读专注力、持久力有限，所以必须不断给予阅读刺激，使其拥有能够长期阅读的动力。课题组根据小学生后泼好动、爱参加活动的特点，开展丰富多彩的阅读专题活动，如"读整本书、写读后感""图书漂流""百千共读""最美读者评选""读书成果展演""书签制作""图书义卖"等活动，以活动带动全校师生都能关注阅读，参与阅读，实践阅读。事实证明，活动中，学生得到师长的阅读指导，相互学习阅读方法，交流阅读心得，体验阅读带来的成长和成就感、幸福感。同时，学生个体感受到阅读路上自己并不孤单，有很多同伴同行。这些正能量的刺激，给予学生持续阅读的动力，让阅读时时刻刻真正发生。

六、同建互促，营造环境的策略

一是改善阅读环境。学校环境蕴含着巨大的潜在熏陶意义，课题组精心营造浓郁的读书氛围，发挥文化宣传栏、电子屏、红领巾广播站宣传阵地的作用，定期播放好书推介，精彩片段朗读等音频、视频资料，让缕缕书香伴随学生成长的每一天。

二是确保共读时间。学校将阅读课纳入地方特色课程，每班每周一节阅读课，进入课表。安排每天晨间10分钟、午间20分钟，一天不少于30分钟的师生共读时间，让教师对学生的阅读指导常态化、长期化，确保阅读指导时空不被挤占。

三是挖掘阅读资源。大力改善学校图书馆资源建设，加大资金投入，添置大量新书，图书馆实行全面开放。建立四级联系的图书网络：家庭书柜—班级图书角—走廊书架—学校图书室。提供丰富而又新鲜的阅读资料，形成处处有书读、时时可读书、处处溢书香的校园氛围。

四是家校携手共建。家长能助力学生阅读整本书，学生阅读成效会更高。课题组通过家长学校、开放周等时机，开展家校共读活动，宣传阅读的重要性，开展"书香家庭评选""晒晒我的小书柜""亲子阅读"等活动，架设桥梁，形成家校携手、共建互促的局面，推动阅读工作深入开展。

七、激励为先，多元评价的策略

对学生阅读整本书的评价，激励为先，重点保护孩子阅读的欲望，及时肯定他们的优点，有效点燃孩子心里的阅读热情。评价语言以称赞、激励为主。评价阅读的量，以达标为主，不拔高加量。评价阅读的表现，以"夸优"为主，对阅读表现突出的学生，大力表彰，树为榜样。另外对孩子的阅读活动，保持持续的关注评价。如微信群、钉钉群、QQ群里的每日阅读任务打卡，教师都要及时关注评价。一月、一季、一学期的及时小结，"阅读排行榜""阅读小达人评选"等，都是从激励、正向引领的维度去评价，让评价有温度。

八、构建校本阅读课程的雏形

经过两年多的课题研究，我们有了良好的校园阅读文化积淀，初步形成了培育校本阅读课程的土壤，有了朝建设"阅读课程"的方向迈进的基础。

（一）确立了各年级整本书阅读的教学目标

在课题实施初期，我们经过调查问卷分析，发现师生在整本书阅读方面存在盲目的现象，学生不知从何读起，教师不知如何指导。我们将课程标准中有关阅读的总目标进行了分解细化，结合课题研究的总目标，形成了各年段的阅读指导目标。这些目标的制定使我们课题研究的方向更加清晰，从而保证了课题实施的有效性，为建设阅读课程定下了目标框架。

（二）总结了推荐阅读书目的类型

依据学生课外阅读分段目标、学生年龄特点及认知和心理发展规律，课题组在实践中总结出了为孩子推荐书目一定要在"健康"的基础上，可以推荐如下类型的书：A.贴近孩子生活的书；B.科幻类、探索类的书；C.动物小说；D.图文并茂的神话、童话故事；E.名人经典名著；F.新书。这几大类型的书都是适合小学年龄段阅读的。

（三）筛选了各年级整本书阅读的书目

书是读不完的，即便是儿童读的图书，也多如牛毛。如果"整本书阅读"作为一种课程，从中传递给孩子一种读书的方法和思路，书目的建设还是有必要的，而且必须严谨、细致。课题组教师依据6种类型，精心筛选阅读书目，所选择的图书，几乎都可以算得上"经典"，既有科普读物，也有经典名著，既有时代新作，也有绘本等。涉及的图书，有些是关于成长的，有些是关于亲情的，有些是对生命的思考等。这些主题的布设，以及图书本身所具有的文字张力，能让孩子们在阅读过程中培植人文的种子，并且发芽、长大。

（四）积累了经典课例

在课题研究过程中，课题组打磨了一些整本书阅读的优秀指导教学课例，还打磨了一些特殊的课型，如专门指导阅读神话的课例《神奇的想象》，专门指导阅读古典章回体小说的课例《读章回体小说，品经典的魅力》……这些典型课例，为一线教师实施阅读指导提供了可资借鉴的范例。另外，课题组也积累了整本书阅读的教学设计、课件、微课、教学视频等教学素材，还积累了相关阅读活动的实施方案等材料。这些素材涵盖了低年级的绘本阅读，中年级的童话、寓言阅读，高年级的小说、游记、科普读物、剧本等不同文体的阅读指导教学素材，为后续建设校本阅读课程提供了很好的素材积累。

第三节　整本书阅读教学课型的基本范式

结合他人的经验总结和自己的实践探索，我们提炼出最基本也最典型的课型：好书导读课、指导提升课、交流分享课、活动延伸课。下面分别从目标定位、教学特色、操作模式等几个方面进行阐述。

一、好书导读课

（一）目标定位

这是针对学生对作品陌生状态下的课型。课堂旨在运用多种方法，激发阅读兴趣；了解文本大意，找出作品特色；精选教学内容，教授读书方法。通过教学，提升学生阅读兴趣，激发学生阅读欲望。

（二）教学特色

1.趣味性：根据作品的特点、学生的实际及教师自身的阅读经验，选择激趣点，确定合适的教学内容。

2.触发性：从全书的一个点出发，进行多角度的发散和深入，一步步对作品的内容、表达的特点进行研究，为学生能够自己进行课外阅读奠定良好的基础。

3.引领性：教给学生一定的阅读方法，让学生从作品中获得最大的收益，真正明白经典作品的价值所在。

（三）操作模式

1.创设情境，展示书名。可采用谈话、猜谜、儿歌、插图、歌曲、动画视频等丰富多彩的形式吸引学生的注意力。根据实际需要在课始、课中或课终展示。如《窗边的小豆豆》的情境创设教学片段——

师：孩子们，你们想象过这样一所学校吗？它的大门是由两棵小树长成的，每个学生在校园里都拥有一棵属于自己的专用树，几辆电车就是自己的教室，更奇特的是想上什么课就上什么课，下午的时间还可以去公园散步，暑假里老师还会带学生去海边泡温泉！从你们的眼神中，我看到你们都很惊讶和羡慕，感到不可思议！想去这所学校看看吗？

生：想！

师：这所学校就在老师今天要推荐给同学们阅读的这本书里（出示书）。瞧，淡粉色的封面上写着这本书的名字，谁来念一念？（指读书名）

2.设置悬念，巧妙荐读。这是导读课最重要的环节，主要方法有作者介绍、妙用书评、目录激趣、片段欣赏等。如《窗边的小豆豆》的设置悬念教学片段——

师：我们刚才读封面知道黑柳彻子就是这本书的作者。所以，这本书原来就是黑柳彻子写她自己上小学时的真实经历呀。这种书，我们把它叫作"自传体小说"。让我们一起来分享罩在她头顶上的光环吧，让我们一起来看这本书的封底（出示封底，生读）。

·她写了日本有史以来销量最大的一本书，33种文字全球发行，拥有读者数千万。

·她是亚洲第一位联合国儿童基金会亲善大使，足迹遍及地球的每一个角落。

·她还是世界上最有名的电视节目主持人，拥有观众数十亿。

·她被美国《纽约时报》《时代》周刊、《新闻周刊》赞誉为日本最伟大的女性。

师：这就是看这本书的封底，了解对这本书的评论或对作者的一些介绍等内容。此时你想对小豆豆说什么？是什么让她有了这么大变化？小豆豆是怎么取得这么好的成绩的？

3.精选内容，渗透方法。针对不同作品的特点，教师有意识、有针对性地选择相关内容进行教学。在教学中渗透阅读的策略，如猜读、比较、联结、整合、视觉化等阅读策略。阅读策略的选择因所读作品的文体和表达特点而定。从导兴趣走向更高远的追求——导策略。如《鲁滨孙漂流记》的内容精选和策略指导教学片段——

（1）冒险出海

师：怀揣着远游的梦想，鲁滨孙固执地不听父母的劝告，毅然登上了一艘驶往伦敦的船。时间是1651年9月1日，请同学们记住这个时间。

（出示）1651年9月1日，我毅然登上了……脱了锚冲向茫茫大海……

师：同学们，听老师读完这段，你感受到了什么？如果你就在船上，见到这样的情景你会怎么样？

师：如果你第一次乘船出海遇险却大难不死，你会怎样？

师：猜猜看，经历了这样一次危险的航海旅行之后，鲁滨孙是选择在家享受富贵的生活还是继续航海呢？（还要出海远游）为什么？鲁滨孙第二次登上了出海轮船的甲板。

（出示，学生齐读）因为鲁滨孙的心底埋藏着一颗种子——从小就一心想出洋远游。

师：这次远游，他成功登上非洲的土地并顺利返航，而且收获很多。猜猜他能收获些什么？然而，安逸的生活并没有留住鲁滨孙的心，猜猜他又想干什么了？

（2）荒岛生存

师：这次出海，有一天，船遇到风暴，在这惊心动魄的瞬间，我记录下一些零星的碎片，让我们猜想鲁滨孙的遭遇会是怎样。

（出示）大风连刮十二天……推向海岸……

师：你预感到什么？鲁滨孙在这座荒岛上将会面临哪些困难和危险呢？（学生自由发言）

师：猜猜他能在这岛上活多久？（出示）在这座荒无人烟的小岛上，鲁滨孙生活了28年。此时，作为读者你最想知道什么？拿出资料纸，打开看看，秘密就藏在里面。

（出示）在这座荒岛上……摆在他所住的山洞里。

师：看完这段文字，鲁滨孙给你留下了怎样的印象？把你想到的写在旁边，这就叫批注，批注也是一种很好的读书方法（生交流批注）。

4.制订计划，课外延读。根据所读作品的难易程度，引导学生制订课外读书计划，将阅读从课内延伸到课外。计划的制订要因书而异、因人而异、因时而异。"凡事预则立，不预则废。"指导学生学会制订读书计划，有助于学生养成良好的阅读习惯，提高阅读效率。如《鲁滨孙漂流记》制订阅读计划的教学片段——

师：读书贵在每天坚持，但进度不宜太快，一般可在一个月内读完。请根据自己实际的阅读情况制订阅读计划。（出示）读书计划表（学生制订读书计划并展示）。

二、指导提升课

（一）目标定位

这是在学生进行了一定时间的阅读后的指导课型。课堂旨在突破阅读中理解的难点，抓住作品的亮点，激发学生持久的阅读兴趣，使学生把握阅读提升的突破口，掌握阅读的方法，养成阅读的良好习惯。其聚焦阅读中的难点或亮点，通过咀嚼、玩味经典的片段，深入探究表达的手法和特色，提高阅读乐趣和品位。

（二）教学特色

1.聚焦性：聚焦作品的难点，紧扣作品的亮点，精心组织安排教学内容。

2.深入性：通过咀嚼、玩味精彩片段，深入探究表达的手法和特色。

3.专题性：整合同一体裁或同一题材的作品，了解特点，提高阅读乐趣和阅读品位。

（三）操作模式

1.揭题导入，了解大意。可以直接揭题，也可以运用名言、名人的评价导入新课。因为是提升课，所以了解作品的大概意思，可采用说一说、填一填、练一练等形式，厘清文章的脉络，了解文章的内容。如《古诗阅读指导——"送别诗"》的揭题导入教学片段——

师：让我们先来听一首歌（播放歌曲《送别》）："人生难得是欢聚，唯有别离多。自古多情伤离别，人间最难是别情。"同学们知道这首歌叫什么名字吗？

生：这首歌的名字叫《送别》。

师：呀，你懂得真多！对，今天王老师和大家一起学习一组送别诗。跟老师一起写（师板书，生书空）。首先我们来学习唐朝大诗人李白的一首诗，谁来读一读？有请。

2.以"核"定教，习得方法。这是阅读指导提升课的重要环节，也是教师引领学生学习的价值所在。针对不同的阅读内容，选择合适的点进行教学。难点是学生不容易读懂、读透的地方；亮点是整本书最精彩、最特别的地方；特点是能体现整本书的语言特色和表现手法的地方。这些点就是教学的内核，以"核"定教，教学中要尽量体现阅读的方法和过程。掌握方法才能从会读一本到会读一类。

如《古诗阅读指导——"送别诗"》的阅读方法指导——

第三板块：诵读积累，探诗法

诵读积累：

师：同学们，此时此刻你就是李白，站在长江边目送着远去的孤帆……

滚滚长江东逝水，流不尽心中不舍情。（师引生读诗句）

过尽千帆皆不见，眼中只有孟浩然。（师引生再读诗句）

相见时难别亦难，东风无力百花残。六年后孟老夫子与世长辞了，此

一别成为永别。（师引生三读诗句）

吟诵古诗：（配乐吟诵）带着自己的想象、感悟吟诵诗句。

领悟方法：你从诵读中感受到什么样的情谊？（板书：友情）通篇38个字中没有一个"情"字，作者把依依惜别的感情寄托在这些景物之中了。这就是"借景抒情"。（板书：借景抒情）刚才我们学习古诗经历了"读通诗句—读出画面—诵出诗情—领悟方法"的过程。

3.迁移运用，提升水平。在明确方法的基础上，结合学生的实际，迁移运用，提升阅读水平。如《古诗阅读指导——"送别诗"》教学的迁移运用——

第四板块：创意组合，延诗情

自读交流：

师：从古到今，朋友之间有多少离愁别恨。"自古多情伤离别"，"剪不断，理还乱，是离愁。别有一番滋味在心头。"（出示课件：送别诗）运用学习古诗的方法学习下面的诗句。学生自读自悟。画出你眼中描写景物的词语来，汇报交流：你读出了什么？

送/元二/使/安西	别/董大
［唐］王维	［唐］高适
渭城朝雨/浥/轻尘，	千里黄云/白日/曛，
客舍青青/柳色/新。	北风吹雁/雪/纷纷。
劝君更尽/一杯/酒，	莫愁前路/无/知己，
西出阳关/无/故人。	天下谁人/不识/君。

创编小诗。创写小诗，感悟真情。不一样的时间，不一样的地点，不一样的人物，不一样的诗句，心底流淌的却是同样真挚的感情——友情。同学们，友情是什么？（出示课件）汇报交流。学生汇报交流、展示自己的创作。

友情/是长江中/目送的孤舟

友情/是离别时/温暖的赠言

友情/是对饮时/_____

友情/_____/_____

音乐激趣。（播放歌曲《读唐诗》）教师总结：诗言志，诗咏怀。诗里有画，诗里有歌，诗里有情。因为有情才有了诗。让我们畅游在诗歌的海洋里，去欣赏它的语言美、韵律美、意境美、情感美吧！

三、交流分享课

（一）目标定位

这是学生阅读结束后的成果展示和交流分享课，是师生共同读完一本书后，在比较理想的状态下，交流心得，碰撞观念，轻松地聊书的过程。教师应重视儿童的阅读回应，丰富阅读的表达方式。课堂旨在以生为本，给予学生最大的自主表达空间，让学生在交流和互动中展示阅读成果，获得知识、能力和审美情趣的提升，提高语文素养和人文素养，最终唤起学生持久的阅读向往。

（二）教学特色

1.互动性：师生平等交流，让每个人的思想相互碰撞，产生智慧的火花，资源共享。

2.多样性：分为静态展示和动态分享。自创绘本、读书心语、阅读卡片、读书报告单、人物关系图等为静态展示；朗诵、演讲、讲故事、辩论、比较阅读、人物和事件评价等是动态分享。努力让学生成为作者的知音。

3.拓展性：拓宽阅读的宽度和广度，带着阅读成果，从一本到一类，从课内走向课外，从作品走向生活。

（三）操作模式

1.创设氛围，揭示主题。用生动的语言、有趣的形式入课，努力营造宽松、自由、民主的教学氛围，让学生放松心情，敢于分享，乐于展示。如《三国演义》交流课的主题揭示片段——

（出示）诗歌欣赏《临江仙》

师：这首词是明代著名诗人杨慎所写，是《三国演义》的开卷词，很好地诠释了《三国演义》。

播放《温酒斩华雄》《三顾茅庐》片段

师：今天，我们再一次走进《三国演义》这本书，走进故事，走进人物，去交流分享自己的读书收获吧！

2.展示分享，点拨评议。这是分享课的主要环节。低中年级可采用表演、朗读、讲故事等形式，高年级倾向于关注学生独特的感受和阅读体验，如文本的鉴赏、人物的评价、感兴趣的地方等。教师要及时捕捉学生自主交流中的生成资源，提升点拨，将话题引向深入。如《三国演义》教学的交流评议——

说说三国谋士和著名的计谋：（1）《三顾茅庐》中，兄弟三人恭敬有礼，不胜其烦，请的是谁？（诸葛亮）此时，诸葛亮27岁，刘备已经47岁，诸葛亮有何本领，让刘备三顾茅庐，亲自邀请他呢？聊一聊诸葛亮的故事（七擒七纵、草船借箭等）。（2）其实三国时期人才辈出，像诸葛亮这样擅长出谋划策的大有人在，说说还知道哪些三国谋士。（3）了解一些著名谋士，正是这些谋士用智慧谋划了一个又一个经典的计策，比如美人计、空城计、苦肉计、反间计等。（课件出示）交流计策背后的故事。

评评三国的武将：

（1）智者靠谋，武者靠力，三国时期涌现了多少武艺高超、神勇无比的威名猛将。当时，刘备手下就有五虎上将，分别是——关羽、张飞、赵云、马超、黄忠。（2）如果我们把《三国演义》里所有武将汇集起来，再让你们来排一排三国的五虎大将，你们会怎么排列呢？（结合学生的提名，交流武将的故事）

议议三国的君主：

（1）三国中，有三位重量级人物不得不说，那就是三分天下的帝王——魏武帝曹操、汉昭烈帝刘备、吴大帝孙权。有句俗话叫一山不容二虎，那么，一国也不容二主。三人中，如果只能选一人来承担国家大业，你会选谁？（2）学生交流个人意见，要有理有据，充分表达自己的观点。在学生交流中，教师引导学生充分了解三个人物的利弊之处，对人物有清晰、全面的认识。

3.多元评价，拓展延伸。对学生的分享展示情况进行当堂评价，可采用师评、互评、自评等形式评价读书收获，激励学生深入阅读，实现课外阅读的拓展延伸。

在对课外读物进行整本书阅读指导时，应立足整体，根据作品、学生、阅读时段的差异选择指导方法。同时，语文教师要做学生阅读的"点灯人"，将作品的有趣之处呈现给学生，切实激活学生的阅读热情。学生唯有喜于阅读，乐于阅读，才能成长为爱读书、会读书的人。

第四节　小学整本书阅读指导课型研究

笔者经过三年的研究与实践，把整本书阅读指导分成四个阶段，分别是导读阶段、自读阶段、交流阶段和延伸阶段，也就是预读、通读、研读和拓读四个阶段。每个阶段有相应的阅读指导课型，每种课型都有阶段性的目标指向，真正发挥阅读指导关注过程的作用，体现过程指导、阶段关联、趣味体验、思维训练，切实培养阅读兴趣，养成阅读习惯，习得阅读方法，提升阅读能力与品位。

一、推进课，"持续兴趣"为主，"过程监测"为辅

自读阶段是通读全书的过程，指导课型为推进课。自读阶段是阅读指导中最重要的一个阶段，也是最容易忽视的阶段。这个阶段可以引导学生自主制订整本书阅读计划，通读全书，教师或阅读小组自主设计以提取信息为主的阅读闯关游戏，持续培养学生的阅读兴趣，并达到过程监测的目的。在通读全书的基础上，进行推进课。推进课的目标有两个：（1）在交流中，强化愉快的阅读体验，持续培养阅读兴趣；（2）在交流中进行阅读过程监测，共同解决阅读中遇到的问题，渗透阅读策略。围绕这两个目标，我们可以根据文本特点，选择不同的推进策略；可以有层次、有梯度地设计情节格、情节绳、人物气泡图、人物关系图等可视化思维支架，引导学生二次通读全书，梳理情节和关注人物形象。这种让学生把一本书读成一张图的推进策略，既让学生反复阅读、通读全书，激发了学生的阅读兴趣，又训练了学生的关键能力。例如，《中国古代寓言》的推进课可以分成三部分：（1）游戏闯关：把多个寓言题目、插图、寓意连一连，通过富有趣味的闯关游戏，检测自主阅读效果。（2）趣味分享：自主分享阅读中发现的一个寓言阻止一场战争的故事，进一步感受古人"通过故事讲道理"的智慧与魅力。自主分享运用阅读策略理解故事，发现寓意的成功经验：A.边读边预测；B.边读边提问；C.关注人物的言行；D.关注重点语句；E.联系生活中的人和事等。（3）联结生活：选择喜欢的寓言，制作寓言智慧果，送给自己的亲人或小伙伴。

二、交流课，"体验乐趣"为主，"思维碰撞"为辅

交流阶段是研读的过程，指导课型为交流课。一个人的想法是一条

线，两个人的思想交流是一个圆，三个人的思维碰撞是一个球，会激发出立体多元的智慧火花。这就是阅读交流的意义所在。交流课的总目标有两个：（1）多角度全方位体验阅读的趣味，分享阅读的快乐；（2）研读交流中进行思维碰撞，完善背景知识体系，提升综合能力。根据这两个总目标，根据文本的特点、学生的兴趣点和教师对文本的开发程度，可以开发形式多样、各有侧重的交流课课型，如班级读书会、策略交流课、话题课、比较阅读课、创意读写课、教育戏剧课等。

1.班级读书会

班级读书会一般由学生自主组织，大致分为四部分：（1）唤醒阅读记忆：A.说说这本书讲了什么；B.有奖问答。（2）交流阅读感受：A.说说印象深刻的情节；B.人物赏析。（3）构建阅读的意义：A.评评这是一本怎样的书；B.聊聊这本书与我的关系。（4）分享阅读的快乐：A.演说中的精彩片段；B.评论。

2.策略交流课

针对不同图书、不同体裁、不同年龄段，应该制订不同的阅读目标，采取不同的阅读策略。策略交流课是在轻松愉快的阅读分享中，帮助学生总结提炼阅读经验。如《中国古代寓言》策略交流课，会综合运用预测、提问、联结等策略，重点提炼联结策略。联结策略包含三个方面：文本与已有经验的联结、文本与文本的联结、文本与生活的联结。这样的策略交流不是生硬地教策略，而是通过有趣好玩的可视化工具，启发思维，让学生在不知不觉中类比联想，运用策略，发展思维。

3.话题课

有了交流阅读感受、分享阅读快乐的平台，就会产生立体多元的观点，产生值得思辨的话题。只要话题足够有价值，就值得用一节课开展思辨活动。如《狼王梦》中的紫岚是帮助孩子实现梦想的伟大母亲，还是为求目的掌控孩子人生的自私母亲？如《西游记》中，强大的能力和坚定的信念哪个更重要？如《青铜葵花》中，有较多表现青铜、葵花直面苦难的情景，这种直面苦难的风度，对现今儿童来说是否必要？

4.比较阅读课

比较阅读课可以从多个角度选取对比点，可以是同一事物在不同作家笔下的对比，可以是同一主题不同表现方法的对比，也可以是文字片段和电影片段之间的对比。目标是通过比较阅读，能更好引导学生多角度看问题与思考问题，培养学生多角度思考问题的意识与能力。如《中国古代寓言》中，将《愚公移山》和《明锣移山》的故事进行比较阅读，两者同为移山的故事，却同中有异，异中有同。明锣与愚公面临同样的困难，有着同样的恒心与毅力。《明锣移山》注重的是对遇事解决方式和态度的表达，以一种看似"愚蠢"实则"智慧"的方式说明困难是可以被人类的智慧解决的。明锣与妻子"愚蠢"的背后隐藏着人生智慧，那就是——懂得变通。《愚公移山》中的愚公之所以被大家称为"愚公"，实则是以行为上的"愚"来映衬精神上的"不愚"。他敢想他人所不敢想，做他人所不敢做。他带着子孙后代一点一点地刨山挖土，挖到"山神"害怕，"天神"感动，最终把山移走，让读者真切地感受到人定胜天的毅力与魄力。

5.创意读写课

每一本书都有多种值得学生学习的表达形式，若读每一本书都有写作任务，那可能会让学生产生畏难情绪。因此，创意读写课的核心是抓住文本表达的精妙之处，把握学生的兴趣点，让学生乐意写，乐意交流。如《中国古代寓言》的创意读写课，可以引导学生发现美国作家洛贝尔读了《愚公移山》，新编了《明锣移山》；日本作家安野光雅读了《伊索寓言》，新编了《狐说伊索寓言》，从而激励学生尝试找到喜欢的故事，改编故事，创造出更多有意思的新故事。这样的创意读写，重点不在于写作训练，而在于愉悦个性化创作体验，多角度地思辨和思维创新。

6.教育戏剧课

教育戏剧课是在一本书中，选取有关"价值观"冲突的情景，通过文学空间构建、保护入戏等，让学生进入相关的情境，进行有温度的讨论与思考，帮助学生了解人性的多元化，同时明辨是非善恶。如《讳疾忌医》中，扁鹊"四见"蔡桓公，因为蔡桓公认为自己没病就拒绝治疗，扁鹊是否已经尽责了呢？在情境中，要的不是一个简单的答案，而是在"是或否""要或不要""好或不好""救或不救"的情境体验和讨论过程中去厘清自己的价值观，对文本和自己都有一个更深入的认识。

三、延伸课，"持续乐趣"为主，"专题探究"为辅

延伸阶段是拓展阅读的过程，指导课型为延伸课。延伸课的目标有两个：（1）自主选择感兴趣的专题，拓展阅读，延续阅读乐趣；（2）运用整本书阅读前三阶段习得的阅读策略，拓展阅读，进一步完善背景知识体系，提升综合能力。这样的延伸课有同一主题的阅读延伸，有同一作家作品的阅读延伸，也有同一专题的探究延伸。如《爬树之歌》一书的延伸课，可以是以"童年"为主题的阅读活动，可以是安野光雅系列作品的阅读活动，也可以是"不一样的童年游戏"专题探究活动。又如《中国古代寓言》一书的延伸课，可以是"打开世界寓言的大门"主题阅读活动，也可以是"中西方寓言比较"专题探究活动。

小学整本书阅读指导课的课型还可以有各种变化，呈现更多样态，不变的是关注过程指导、阶段关联、趣味体验和思维训练；不变的是关注学生立场、学生主体，让学生获得深刻的审美体验，提高阅读能力，提升精神境界；不变的是让学生真正爱上阅读，成为积极主动的阅读者。

第五节　"共同体"式整本书阅读实践

随着"双减"政策落地，学生课业负担将大大减轻，阅读的重要性日

益凸显，教师只有做好整本书阅读指导，才能引领学生爱上阅读，深度阅读。语文课程标准明确提出：要重视培养学生广泛的阅读兴趣，扩大阅读面，增加阅读量，提高阅读品位；提倡让学生少做题，多读书，好读书，读好书，读整本书。让阅读从课内走向课外，让阅读浸润学生的心灵，达到立德树人的目的，这是我们语文教师当前重要的责任和使命。那么，如何激发学生的阅读兴趣，深度推进整本书阅读，使整本书阅读更有实效性呢？

一、建立阅读共同体推进阅读活动

"阅读共同体"借鉴佐藤学提出的"学习共同体"理论，简单地说就是为了推进阅读而形成的相互联系的整体。这是一个由读者及其助读者（如教师、家长、同伴、阅读工具、网络平台等）共同组成的团体，成员之间彼此通过分享、交流、讨论等方式，相互支持、砥砺相助，共同完成阅读任务。

（一）师生共读

榜样的力量是无穷的。如果教师经常给学生读书，学生知道他们的老师博览群书，老师和他们有共同喜欢的书，有很多共同的"偶像"和"共同语言"，那么，这个班的学生爱上阅读就不难了。《阅读的力量》作者史蒂芬·克拉生说："学校的行政当局必须知道，当教师朗读给学生听时，当教师在维持静默阅读中显得放松时，他们不是偷懒，而是在工作。"笔者所在学校从地方课程中拿出一节课作为阅读课。每节阅读课开始，笔者都会精心准备整本书的一个经典片段，读给学生听。这个片段可以是故事的开头、故事的结局，或是故事冲突最激烈的片段……朗读过程中不作解释，只是用肢体语言和语气变化，帮助学生理解故事，让学生好好享受听故事的过程。阅读课上，教师除了朗读，还要组织整本书阅读的启动课、推进课或分享课，但还是以学生自主的沉浸式阅读为主。

教师还可以利用一些碎片时间为学生读书。学生做眼保健操常常觉得枯燥，不认真做。笔者就利用这段时间给孩子们读课外书。只要把眼睛闭好，就可以听好听的故事，有时朗读"快乐读书吧"要求阅读的书，有时朗读课文作者的另一篇作品，有时朗读眼下热门话题的相关文章……孩子们做操认真了，故事听进去了，一举两得。每天十分钟，一周就是五十分钟，收获不容小觑。读书时，有时故意不读结尾，留下悬念，让孩子自己课后阅读。很多学生会请求家长找来教师在学校读的每一本书，再读一遍或继续读完，教师绘声绘色的朗读声激发了学生强烈的阅读欲望。

教室后面设置阅读区，家委会购置了四个书架，还摆放了几个软凳。下课后，笔者经常和喜爱阅读的孩子聚在这里交流，探讨他们感兴趣的话题，或者答疑解惑，或者依据孩子的语文程度推荐适合他们看的书。每个学生的性格爱好、能力水平都不尽相同，整本书阅读的个性化指导也十分重要，教师有针对性地个别指导，有利于让班级中水平不同的孩子都能爱上阅读。阅读路上，一个都不能少。师生共读，引领学生走入书中广阔的天地。

（二）生生共读

陶行知先生说："小孩子最好的先生，不是我，不是你，是小孩子队伍里最进步的小孩子。"陶行知先生认为人人都可以当小先生。孔子说："三人行必有我师焉。"学生也可以互为小先生，参与知识信息的交流。

晨读午诵共读。学校设立了两段阅读时间，学生早上到校后的晨读时段和中午到校的午诵时段。晨读时请小先生带读课文和经典美文，午诵时段请孩子按一定顺序，进行整本书阅读的交流分享，每人一两分钟，每次三位同学，锻炼孩子的语言表达能力，也培养其他孩子的倾听、点评能力。还有"暮省"，对犯了错误的学生，请小先生读一个益智小故事，既让该生认识到错误，又激发其阅读兴趣。

课前五分钟共读。疫情期间，学校组织线上教学。教师在每次线上授课前五分钟，播放两位同学的"读书"视频。学生之间互为榜样，人人争当小先生，读书热情更加高涨。

校园小明星"巡回演出"。请高年级学生走进低年级课堂，为小弟弟小妹妹们读书、讲故事、分享阅读心得，学生非常欢迎。高年级一些代表学校参加讲故事比赛、演讲比赛获奖的选手，到低年级各班进行"巡回演出"，让低年级学生近距离接触优秀的小先生，感受故事的魅力。

班级同伴共读。教师也要善于挖掘学生当小先生的资源。对阅读能力较弱的孩子，教师可以事先安排他们对某一故事认真准备，当一回小先生，体验成功的快乐。当阅读和愉快的情绪、成功的体验反复建立联系时，学生对阅读就有了一定兴趣。

课外小组共读。一本正版纸质书价格不便宜，尤其是一些内容有趣、制作精美的绘本更是价格不菲。现在线上线下有很多租借绘本的平台和商铺。班级同一小区的孩子组成共读小组。共读小组的几位家长，每人租一本，大家互看，互相讨论，实现收益最大化。共读小组的孩子都住在一个小区，每周一个家长负责带领孩子去社区图书馆看书，孩子也能相互学习而且十分开心。荀子在《劝学》中说："骐骥一跃，不能十步；驽马十驾，功在不舍。"利用好点滴时间进行互助式阅读，持之以恒，大有收获。

（三）亲子共读

陪伴是最长情的告白。亲子阅读，让家长在沟通、分享中和孩子一起成长，能让孩子感受到读书带来的温馨、快乐、信心与希望。每个家庭为孩子设置一个阅读区，每天安排固定的亲子共读时光并渐渐成为习惯，不强求每次时间有多长，读时专注最为重要。

由于笔者所在学校处于城乡接合部，家长素质参差不齐，学生入学后，一般都要对家长进行一定的阅读指导。孩子读书前，建议父母提前熟悉书本，思考怎么读更有意思，孩子才更喜欢。阅读的形式可以多样化，家长可以和孩子你读一段我读一段，或者分角色读。家长更应该为孩子读一些孩子理解上有些难度的书。此外，强调内容把握。与孩子共读之后，家长最好能与孩子一起回顾、复述内容，而不要问孩子听懂了没有，更不要讲这个故事的意义，让孩子慢慢体会理解。家长可借助书中的主要角色、故事情节中的亮点等了解孩子的阅读情况。

围绕亲子阅读，班级有很多激励机制，比如鼓励每个家庭在钉钉群打卡，授予每个坚持21天亲子阅读打卡的家庭当月"书香家庭"称号。比如进行亲子阅读小视频展演活动，或者家长参与表演儿童剧……事实表明，能积极参与亲子阅读的家庭，孩子更容易养成整体阅读习惯，性格阳光开朗，文学根基扎实，整体素养较高。家长是孩子的第一任老师，良好的家庭氛围对孩子阅读习惯培养的重要性不言而喻。

（四）钉钉群共读

科技的发展催生了阅读课堂的新变化。网络平台给师生提供了一个跨越时空的阅读天地。每个月第一个周六是班级的读书日。这天晚上，孩子们在教师引领和家长支持下，都要在钉钉群读书。学期初，教师要制订一个"班级读书日"整本书阅读主持人值班表，之后按照计划实施。主持人可以是教师、家长，也可以是学生。在这一过程中，主持人首先用15分钟的时间分享某一本书的部分段落，然后抛出段落中值得讨论、思辨的问题。大家用语音条、文字条、小视频……展开讨论。最后主持人就故事情节的发展、主人公的命运等进行预测。整个活动于每周六晚上7点开始，通常40分钟。这项活动寒暑假也不停止，已经成为班级一个重要的节日。

（五）"百班千人"网络共读

"让每一间教室都透出阅读之光。"这是百班千人活动的宗旨。我校一些班级的语文教师以班级整体的形式报名参加"百班千人"网络共读活动。在"百班千人"的阅读教室里，孩子们在线上听全国小语界名师分享写作和阅读经验，聆听他们实践的智慧，在线下开展创意写作。在这个过程中，孩子与全国名师、本班教师、家长共同阅读一本书，爱上阅读，爱上写作。

（六）与有声书共读

让音频工具（有声书）成为整本书阅读的助读者，与学生构建成"有声阅读共同体"，有利于降低低段学生阅读的难度。教师选择符合孩子口味的有声书，让学生一边听故事音频一边阅读整本书，并随着播放速度用手指来指认文字，既帮助学生扫清听读时的生字障碍，又能激发学生阅读的兴趣。

诵读者要具备一定的水平，有表现力，吸引读者，同时给学生做一个朗读示范。为了提升阅读的有效性，防止学生"听而不闻"，教师可以在音频播放过后，让学生质疑，或者谈谈听后的感受，还可以分配任务，给同桌两人或者四人小组分配一个段落，组内先互相教读，之后每组选派一个代表朗读，各个小组的诵读连成一个完整的故事。对简单、反复阅读、特别熟悉的书，引导他们理解故事结构（开头、中间、结尾），能记住和复述故事，并尝试自己编故事。这种阅读方式，有利于降低低段学生阅读的难度。

（七）智慧教育平台共读

合理使用智慧教育平台，可以助力学生进行深度阅读。阅读前，学生可以在平台资源库中搜索相关资源，为顺利阅读作铺垫，教师也可以向学生推送一些作家的相关资料及故事的背景资料，便于学生理解。同时，教师还可以给学生分享与本书相关的视频、音乐片段，为学生创设阅读的情境，降低学生阅读的难度，同时让学生分析与本书相关的视频、音频，从而激发学生质疑探究的能力。另外，教师还可以应用智慧教育平台的评价系统，对学生阅读进行及时评价，提高阅读效率。

（八）师师共读

整本书阅读教学面临的最大挑战其实是教师自己。如果教师阅读量不够，阅读面狭窄，没有丰富的阅读经验，那么都将直接影响教学效果，同时每个人的阅读又都有自己的喜好，因此，一个教师需要团队合作，探讨整本书阅读的方法路径，使整本书阅读更有实效性。笔者所在学校的做法和设想是：（1）将"整本书阅读"作为语文教师提升专业素养培训的一个重要部分。学校制订《语文教师阅读计划》，规定教师的必读书和选读书。必读书一是教科书在"快乐读书吧"中提到的书，二是教科书里节选的书，三是课后"阅读链接""资料袋"等栏目提到的书，四是课程标准"附录2"推荐的（未被教科书提及）的书。推荐学生读的书，教师首先要阅读，这是语文教师的根本任务和基本素养。（2）以课题的形式推进"整本书阅读"。部分教师先行实践。我校部分骨干教师以专题沙龙的形式开展"悦享周五"活动，进行整本书阅读探讨，从课程目标、篇目选择、方法策略等方面展开合作研究。另外，定期由教师执教整本书阅读的启动课、推进课、分享课，对"整本书阅读与研讨"进行相对固定的长时间探索，同时形成完整的教学资料，包括推荐教学设计、优秀学生作品、精品教学录像等。除了童书，学校还提倡教师阅读经典人文读本和教育教学方面的图书，提高个人素养，点亮教育初心。

二、整本书阅读基本操作路径

很多学生阅读的时候，遇到的最大的问题就是"光阅读，不理解"。快速把握作品主要内容及表达特点，准确领悟作品主题等，也都是需要重点培养的阅读能力。究竟如何让孩子真正读懂一本书呢？现在以一本学生最喜欢的故事书为例，谈谈整本书阅读基本操作路径。

（一）了解"本书的出版信息"

1.看看封面——学生看看图书封面上夸张的字体、富有趣味的图形、鲜艳的色彩和活泼的形式，共读小组通过封面的艺术形象猜一猜图书内容，激发阅读期待，还可以关注一下出版社。

2.了解作者——共读小组通过查找资料了解作者信息，作者还有哪些作品，自己读过作者哪本书，还想读作者的哪一本书。如果是绘本，还可以了解绘画者信息。

3.读读目录——共读小组通过阅读目录对这本书的框架有个大致的了解。

4.听听书评——了解这本书的大致内容以及其他读者的阅读感受，可以是名人的推荐语或该书获过的奖，也可以是班级读过此书的教师和学生对这本书的评价，激发学生阅读兴趣。

5.完成阅读记录表——共读小组完成阅读计划表，记录阅读的时间和页数，还要注明见证人，大家互相督促，将课外阅读持续开展下去。

（二）了解"本书的主要人物"

1.抓住主要人物——大家一边读一边想故事中的主要人物，用5个词去形容故事中的主要人物，想一想写出这几个关键词的依据，可以在书上作批注。

2.人物形象分析——引导学生分析："书中有哪些人物？你最喜欢谁？并说出理由。"

（三）梳理重要情节

1.梳理文章脉络——尝试把故事的起始、发展和结果提炼一下。共读小组思考故事开始是怎样的，中间发生了什么，结尾如何，合作完成思维导图，实现阅读思维过程的可视化，建立整本书的结构。

2.聚焦重点段落——小组成员各自标注最紧张的一段、最有趣的一段、最令人回味的一段，或者自己看不懂的地方，圈点勾画作批注，组内分享，班级汇报。

（四）提炼本书主题

1.圈画主题词——共读小组讨论作者为什么要写这个故事，圈画或提炼出适合这本书的主题词。

2.找出关键句——你觉得这个故事主要想表达什么，找出依据。

（五）关注表达

1.关注语言表达——共读小组讨论："这本书和你熟悉的其他书比较，在写法上有什么独特之处？""书中哪些人物形象的细节刻画、景物的细致描写特别生动传神？"

2.与书中人物对话——小组合作，用写信的方式分别与书中某个人物进行对话，或者鼓励学生站在书中人物的角度进行故事视角的迁移……

3.进行读后反思——可以鼓励学生写读后感，小组合作绘制手抄报等。适合的题材还可以发挥想象续编故事、小组合作排演剧目等。这些，都是一次阅读再提升的过程。

通过整本书阅读指导，根据阅读计划，围绕故事情节、各种角色、表达主题等知识点，带着孩子们在文本里几个来回，孩子们借助阅读的基本路径，习得阅读策略，形成良好的阅读习惯，进而在阅读中汲取营养。在碎片化阅读、微信体写作的当下，能保留静静的阅读时光，用脑深深地思考，用笔细细地记录，用心细细地品味……这些都是我们特别想要看到的，也是必须坚持的！

第六章　信息技术下的整本书阅读教学模式

在信息技术背景下，教师应充分利用网络优势倡导新型的整本书阅读教学模式，分别从课前、课中及课后逐步引导学生进行整本书阅读，从培养学生阅读的兴趣入手，进而提高学生的核心素养。笔者在几年的整本书阅读教学实践中，总结出"一本四环"的整本书阅读教学模式，"一本"是一本班级共读书目，要求同一版本，有助教学；"四环"就是整本书阅读教学的四个环节，即导读激趣—阅读推进—分享交流—拓展延伸。通过"一本四环"阅读教学模式，更好地在整本书阅读教学中发挥教师主导作用和学生认知主体作用。

第一节　导读趣课：巧用信息平台，指导学生阅读方法

班级共读书目选好后，怎样引导学生走进这本书，激发学生阅读这本书的兴趣？这就要求教师依据阅读书目内容，选择恰当的导读激趣策略，上好导读激趣课。激趣课可以采用的教学策略：通过书名设疑，引导学生大胆猜测，大胆想象，以此引发学生兴趣；从封面和封底入手，可以设置悬念，激发学生主动参与；展示精彩片段，进行诵读、赏析，授之以渔，教给学生读书方法等。不论哪种激趣方法，教师都可以以信息技术手段为依托，在导读课中，恰当地使用图片、精彩短视频、音频、相关动画片片段、音效等手段，让学生在快乐中不知不觉地爱上这本书。如引导学生读

《水浒传》这部名著时，首先播放《好汉歌》，随着慷慨悲壮的歌声，屏幕上出现了一个个英雄好汉的画面，画面旁边配上人物的简介，让学生对《水浒传》有一个更感性的认识；其次，画面集中展示语文课文《智取生辰纲》所涉及的一些重要人物，如杨志、晁盖、吴用等，然后加以重点介绍；随后，学生针对《水浒传》中的精彩情节及鲜明人物形象等进行积极讨论交流。入情入境的引导方法能更大程度激发学生的阅读兴趣，从而有利于推进整本书阅读。再如上《淘气包埃米尔》这本书的导读激趣课时，可以把书里的有趣插图制作成课件，把埃米尔的搞怪表情用课件的方式展示给学生，让学生根据图片发挥想象，猜测内容。然后，再截取一段视频片段，让学生对这部剧产生极大的兴趣。教师也可以根据视频内容，录制一段自己的配音，可以加上适当的搞怪腔调，把学生牢牢地吸引过去，让他们产生强烈的阅读期待。这样，学生的好奇心被充分调动起来，拿到这本书，一定会如饥似渴地去读。

　　在创设情境、导入阅读后，便是设置任务驱动阅读，指导阅读方法。（1）时间与阅读量的任务设置。例如读《狼王梦》，老师给出任务：1个月完成整本书的阅读以及相关资料的整理。学生在老师要求下完成每天及每周的具体阅读任务。例如，多数同学的计划是，第一周：一二章；第二周：三四章；第三周：五六章；第四：资料整理。（2）借助平台资源自主阅读。学生借助网络平台上的资源及智能评价功能自己调控阅读，结合老师布置的阅读任务和自己的阅读目标进行自主阅读，自己掌握主动权，从而在老师有效指导下最大程度调动学生整本书阅读的积极性。（3）学生自行制作阅读资料集。学生通过网络资源，结合自己切身体会完成此项任务。例如在名著阅读教学中，教师可以给出任务：用1—2个月的课余时间，自定或指定主题做PPT、手抄报、好书推荐卡、阅读心得集、阅读问题集、专题研究集、辩论资料集等，然后在下一个环节，在课堂上展示出来。借助网络资源的优势，可以激发学生的阅读兴趣，使学生在进行整本

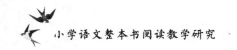

书阅读的过程中既有目标性、趣味性，又有成就感。

第二节 阅读推进：巧用信息平台，促进有效阅读

对高年级学生来说，绘本已不适合他们读，他们已经可以阅读名著了。名著一般篇幅较长，人物众多，情节复杂，学生可能读着读着兴趣就没有先前的浓厚了。这就需要老师"带"一把，解决学生在阅读过程中遇到的困难，关注学生在阅读过程中的收获，激发并指导学生深入阅读，也就是我们所说的阅读推进。

一、利用多媒体让学生多种形式地复述故事

经过一段时间的自由阅读，学生对文章有了初步了解，此时教师可以依据班级制定的阅读进度表，选择适合内容的关键词或人物关系图，利用多媒体进行展示，让学生进行简要复述。学生在对部分章节内容进行复述时，可以通过表演或同学间配合做游戏等方式展开。教师要求学生复述故事，这既检查了学生阅读的效果，同时又促进了学生对文本的理解。教师在学生复述时，可趁机指导学生概括文章主要内容，从而切实达到让学生在阅读教学中学会阅读的目的。

（一）利用多媒体设疑解惑促联想，引导学生深阅读

推进课上，教师可以运用多媒体展示书中的插图、场景、相关的影视片段，设置悬疑，激发学生合理联想，再与文本进行对比阅读，帮助学生深入理解文本。对于合理想象，教师要做好充分备课工作，以恰当的方式给学生提供想象的线索，当然教师要把握住"度"，防止引导变成了"剧透"。学生在大胆预测时，教师要借机提出合理问题，以便引导学生更好地猜测想象，对不理解的部分，让学生去"文本"中寻找答案。在预测

时，教师要提炼看上去毫不相关的事件，把它们放在一个背景里。学生可根据学习经验或网络资源，在对同类文本进行阅读时，更好地去想象故事情节。合理猜测、想象虽然不易达到，但能满足学生的挑战兴趣，从而促进其深度阅读文本。

（二）运用信息技术平台促进学生深阅读

其一，利用智慧课堂抢答互动功能。老师把事先预设好的问题，通过教师端的平板同屏，让学生在学生端的平板上做题，或在本子上做好拍照提交，老师可以收到所有学生提交的答案，且可以全班共同浏览批改，还可以直接看到学生做题的正确率。如果发现学生听课不够专心，教师可以使用平板中的抢答功能，这时学生注意力就会异常集中，摩拳擦掌等着抢到一个机会。抢答是学生最喜欢的回答问题的方式，抢到机会的同学会异常兴奋。抢答的结果能反馈阅读效果，进而促进学生再次阅读。

其二，利用信息技术平台上的阅读软件闯关功能，检测学生阶段性阅读成果。很多阅读平台都有阅读闯关功能，将游戏的乐趣与阅读巧妙地合二为一，解除学生读书过程中的枯燥乏味，让学生更喜欢阅读和思考，从而更主动地进行阅读。

二、交流分享：巧用信息技术，促进有效阅读

为了了解学生的阅读效果，继续推进深入阅读，教师可以利用信息技术平台展示学生的读书笔记等阅读成果，也可以让学生参加阶段阅读成果汇报展演，教师在学生进行成果展演时相机给予激励性肯定评价，这样既能了解和掌握学生的阅读情况，又能调动学生的阅读兴趣。

一是利用智慧课堂进行阅读分享。智慧课堂上老师放开手，让学生愉快地分享读书收获。在分享的过程中，可以在课件里展示或用视频展台展示书中某个章节的图片或学生做的手抄报，让学生根据展示复述情节，

分享自己的阅读感受；可以利用"希沃白板"或"IPDA"里的游戏闯关功能，考查学生对整本书的阅读感受；也可以根据某个场景配乐，让学生朗读等，这样既活跃了课堂气氛，又锻炼了学生的能力。阶段阅读成果展示活动的形式可以多种多样，如制作精美手抄报、制作精致书签、讲故事比赛、优美句段朗诵比赛、优秀读书笔记展示及"我是阅读达人"征文比赛等。

二是利用小视频进行分享。让学生在家长的配合下，录制好分享小视频，利用多媒体设备在课堂上开展小视频分享会，评选出优秀分享小视频，这样既激起了学生的阅读兴趣，又增添了阅读教学的趣味性。

三是利用校园广播和电视台进行分享。充分利用学校信息技术设备，开展阅读分享活动。如利用校园电视台创建"我的阅读乐趣"和"我的阅读我分享"栏目，每天大课间时播出五到十分钟；每天下午上课前十分钟，利用校园广播进行精彩片段诵读等。

第三节　拓展延伸：巧用信息技术，进行阅读拓展延伸

拓展是整本书阅读教学的补充延伸。一本书读完，学生会对这本书里的某些内容、某种写法、某些事物或人物产生兴趣，产生继续了解更多相关内容的欲望。教师在阅读拓展课上，可以利用信息技术手段，向学生推送同类书，或展示这个作者的其他作品，鼓励学生进行关联阅读、延伸阅读。课堂教学时间是有限的，整本书阅读的时间大多放在课外。等学生看完一些同类的书，教师可以组织学生把这类书的阅读收获写下来，可以是读书笔记、收获的知识、阅读后的感受、自己仿写的片段、小诗、自己的梦想等等，学生也可以用集图片、视频、声音于一体的信息技术，把自己的学习收获录制下来，把它们发到微信群或钉钉群里，大家在群里相互探讨、借鉴、学习，把群真正变成同学们学习、交流、进步的天堂，从而打

破整本书阅读教学的空间与时间上的局限性，把阅读引向更广阔的天地。这样既拓宽了他们的知识面，增加了他们的阅读量，又很好地提升了他们的语文素养。

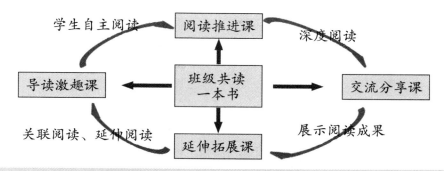

整本书阅读教学流程，一本四环。智慧教室、一体机、影音片段、校园广播、校园电视台、希沃白板、PPT、钉钉群、微信群等信息技术手段运用于整个教学环节。

　　作为一名小学语文老师，不仅要通过环境创设、提问暗示、讲述示范和形式多样的组织形式来激发学生的阅读兴趣，更重要的是要善于运用信息技术平台，激发学生阅读的主动性、积极性。将阅读教学从空间和时间上向课外延伸，不仅开阔了学生的知识视野，丰富了学生的课余知识，而且培养了学生求得知识的能力，提高了学生搜集和处理信息的能力。只有这样，才能更好地确立学生在阅读中的主体地位，充分发挥他们的自主性、能动性和创造性，实现阅读教学的宗旨与理念。

第七章　整本书阅读下名著类课文的教学实践

近年来，经过广大语文教师的推广应用，整本书阅读已经成为语文教学常态。统编小学语文教材倡导"整本书阅读"，专门编排了国内外名著的节选或梗概，将阅读视野由单篇、短章引向整本、整部，对学生语文素养提升具有重要价值。教学中，教师要正视名著类课文的内涵本质，全面把握教材的编排体例，最大程度地发挥其"引子"作用，实现有深度的整本书阅读。统编小学语文教材强调"读书为要"，按"人文主题"与"语文要素"双线组织单元，建构了"精读、略读、课外阅读"三位一体的阅读体系，将名著阅读纳入教材主题，着力探索整本书阅读的课程化，不断提升阅读的"质"与"法"。

第一节　价值指引：
以整本书阅读视野审视名著类课文的内涵本质

名著类课文作为教材的重要组成部分，将阅读视野由单篇、短章引向整本、整部，实现课内外阅读"一体化"衔接，可谓别具匠心又颇具价值。

一、涵养素养的"沃土"

实践证明，开展名著阅读是提升学生语文素养的重要途径。一方面在阅读过程中可以使学生的言语能力和言语品质都得到发展，通过说人物、聊情节、写体会等，促进语言积累、语言建构、语感形成；另一方面可以让学生在阅读中获得审美体验，培养审美情趣，提升赏析、评价、发现等方面的能力。

二、好书阅读的"示范"

"读好书"先要明确"什么是好书"。名著多为经典之作，堪称优质的语言典范，单以中国四大古典名著为例，从教材选编的片段阅读中，学生对好书会有更深的认识，这对后续课外阅读书目的选择具有一定的指导性。在"观三国烽烟，识梁山好汉，叹取经艰难，惜红楼梦断"的同时，教材还对名著阅读给出了一些方法建议，如"联系上下文猜测语句的意思""适当跳读""借助资料或影视作品加深对课文的理解"等，阅读方法的习得是名著类课文阅读教学的重要指向，这也将为后续开展整本书阅读提供方法支撑。

三、整本阅读的"引子"

名著类课文一般都是名著的节选或梗概，本身就隐含着从"单篇"到"整本书"的教学要求，王荣生教授就曾将其功能定位为"引子"。在落实单篇学习要素的基础上，教师通过这棵"名著竹子"把学生带入一片丰富多彩的"名著园林"，通过阅读整本书完成一次跨越时空的人生旅行。《猴王出世》讲述的是石猴出世及成为猴王的经历，教学不能仅就文读文，还可以拓展阅读三打白骨精、大战红孩儿、三借芭蕉扇等一系列扣人心弦的故事，从"初识"到"熟知"，丰富孙悟空的人物个性，点燃学生阅读《西游记》的兴趣，实现"一篇"到"一本"的自然联结。

第二节　课程建构：
以整本书阅读思维解析名著类课文的编排体例

名著类课文在统编版小学语文教材中有两种呈现方式：一是散见于相关主题单元，如《火烧云》《卖火柴的小女孩》等；二是集中于独立主题单元，五六年级下册第二单元被设置为名著单元。

统编版小学语文教材名著单元内容编排分析

册	单元主题	语文要素	课文编排	口语交际	习作	语文园地	快乐读书吧
五下	古典名著之旅	初步学习阅读古典名著的方法 学习写读后感	《草船借箭》《景阳冈》《猴王出世》《红楼春趣》	怎么表演课本剧	写读后感	交流平台：理解课文内容的方法	读古典名著，品百味人生
六下	走进外国文学名著	1.借助作品梗概，了解名著的主要内容 2.就印象深刻的人物和情节交流感受 3.学习写作品梗概	《鲁滨孙漂流记》（节选）《骑鹅旅行记》（节选）《汤姆·索亚历险记》（节选）	同读一本书	写作品梗概	交流平台：读名著的策略	漫步世界名著花园

从上表中，笔者发现统编小学语文教材对名著单元的编排极具特色。

第三节　共读古典名著——以《西游记》为例

笔者在学校推广儿童阅读已有十五年。根据本班学生阅读习惯良好、阅读能力比较强的实际阅读情况，当学生快要步入五年级时，笔者就制订了一学年共读《西游记》的计划。笔者对整本书阅读教学有具体的做法及较深入的思考，一是立足于学生的学习主体地位，培养学生的阅读兴趣。二是在探究式的学习模式中，教给学生整本书阅读方法：（1）借助可视化思维工具，梳理内容、人物或者情节；（2）品读鉴赏典雅语言，学习积淀与表达；（3）联系生活与实际，让文化得到理解与认同。三是重视家庭教育资源的开发，培养学生良好的阅读习惯。

2016年9月，中国语文教育迎来统编教材时代。语文统编教材首次把课外阅读纳入教材。在十多年儿童阅读研究的基础上，结合语文课程标准，在统编教材当中，整本书阅读被作为亮点来打造。一年级统编语文教材中设置了"和大人一起读"，从一开始就引导读书兴趣；小学中高年级教材中设置了"快乐读书吧"栏目，"快乐读书吧"里有主推书目和次推书目，引导学生进行整本书阅读。不过从教学实践来看，推进阅读整本书还是有一定困难的。教学过程中，因为平时语文教学任务重，也存在教师只推荐、没有具体阅读指导过程，学生读书只是走马观花、没有掌握阅读方法的现象，从而影响学生包括语文学科知识的积累和语文能力，品德修养、学习习惯、语感等核心素养的落实。

统编小学语文教材五年级（下册）第六单元"快乐读书吧"安排了"名著导读"，推荐阅读中国古典四大名著。名著是永恒的范本，是一个民族特定历史文化的结晶，是民族的瑰宝。《三国演义》《水浒传》《西游记》《红楼梦》被誉为"四大名著"，代表着中国古典小说的最高成就，表现了祖先的人生智慧，对后世影响深远。而如果没有系统的阅读指导，学生的名著阅读就只会流于形式或者只是浮光掠影。笔者对整本书阅读教学有具体的做法及较深入的思考，现梳理如下。

一、立足于学生的学习主体地位，培养学生的阅读兴趣

在教学过程中，只有当学生作为学习活动的主体出现，他们才能够能动地发展自己的潜能。只有把学生放在学习主体地位，才能充分调动学生的积极性，真正激发学生的阅读兴趣。第二十三回《三藏不忘本　四圣试禅心》中，八戒伸手"捞三美"的描写非常生动精彩，但是对小学生来说，如果没有引导发现，他们很可能就只会关注有趣的情节而不会欣赏到语言。以下教学手记记录了师生共读这一回的过程——

2020年10月9日　星期五　晴

第三节课走进教室，他们桌上都摆着《西游记》，等着我来，准备一起交流昨晚的阅读话题。我连接上蓝牙，打开扩音器，说："在交流前，给你们听一支曲子，边听边思考这支曲子描写的是二十三回哪一段文字。"他们当然不知道老师说的是哪一首。一遇到这样不同寻常的挑战，他们格外兴奋。听了一小段后，就陆续有人举手，示意自己找到了。看来昨晚在家都认真读了，这个问题一点也没有难倒他们呢。等一曲放完，他们都争先恐后地要说找到的那段文字。第187页，最后一行起，八戒伸手捞"三美"片段："那呆子真个伸手去捞人。两边乱扑，左也撞不着，右也撞不着。来来往往，不知有多少女子行动，只是莫想捞着一个……"

一起品读精妙的名著语言，感谢"呆子"带给我们的快乐，更感谢许镜清老艺术家用音乐将名著文字演绎成的《三美戏八戒》，温暖了几代人的童年。这样的整本书阅读课堂，教师把握小学生喜欢接受挑战的特点，设置悬念，并将经典音乐带进语文课堂，营造宽松民主和谐的教学气氛，鼓励学生到书里去寻找答案。把学生放在学习的主体地位，在主动学习的过程中，极大地激发了学生的学习兴趣，为培养更加良好的学习习惯打下坚实的基础。

二、在探究式的学习模式中，教给整本书阅读方法

新课程标准倡导的探究性学习，指的是让学生从探究中主动获取知识，应用知识，解决问题。整本书阅读不同于一般阅读教学课堂，教师更要注重教给学生整本书阅读的方法，培养学生自主、探究、合作的精神和能力。

（一）借助可视化思维工具，梳理内容、人物或者情节

　　近些年，在整本书阅读教学中，可视化思维工具运用比较多，也构成了常见的教学策略。可视化阅读策略指学生以图示等表征手段结构化地展现文本的意义、关系、线索等复杂信息。学生用得比较多的是思维导图。《西游记》共100回。每天计划带着几个预先设计好的话题共读一回，第二天课上共同梳理、交流、碰撞。每一回的话题总会涉及给章节故事或者人物梳理关系。如第五十八回《二心搅乱大乾坤　一体难修真寂灭》的第一个话题：用表格梳理悟空和六耳猕猴辨别真假的内容（去了哪里，辨别人，辨别方法，结果），这是在梳理内容。第十八回《观音院唐僧脱难　高老庄大圣除魔》的话题之一：用气泡图展示对八戒其人的评价。这题实际上是鼓励学生在阅读本回后，结合本回每个人对八戒的评价，谈谈对八戒的综合印象。学生给八戒做的人物名片思维导图展示了学生阅读、思考的路径。在阅读梳理中，学生思维得到发展和提升。

（二）品读鉴赏典雅语言，学习积淀与表达

　　《西游记》作为四大名著之一，不仅情节引人入胜，语言更是典雅优美，在整本书阅读教学中，指导学生品读鉴赏的过程，也是让学生积累语言、学会表达的过程。

2021年5月14日　星期五　晴

　　《西游记》阅读交流的时间，其实就是聊书的时间。今天聊了第一个话题：唐僧被抓至玄英洞，妖怪让其供状时，唐僧从头至尾讲述一遍取经的经过，你们觉得重复吗？

　　当然不。梳理原因一：在第十九回再一次出现唐僧取经的原因，与小说上卷形成呼应，形成结构美感。梳理原因二：这回忆其实是唐僧在自我反省，明确自己任重而道远。然后让学生将唐僧再次讲述自己取经经过的

文字画下来，我们再轻轻齐读唐僧的这遍文字。很多时候，学生语言的习得，就是在各种读诵过程中实现的。这个过程一定是朴素自然的，无须花哨的表演，只需心领神会、直抵心灵的读书声。

（三）联系生活与实际，让文化得到理解与认同

教育部下发的《中华优秀传统文化进中小学课程教材指南》中提出，中小学要重视传统文化的理解与传承。《西游记》博大精深。莎士比亚说："一千个读者就有一千个哈姆雷特。"小学五年级的学生如何理解这一鸿篇巨制的内容与主旨呢？以阅读第十二回《玄奘秉承建大会 观音显像化金蝉》为例，在指导阅读过程中，让学生联系自己实际的学习和生活，会更好地帮助学生理解作品内涵。

2020年9月17日　星期四　阴

共读第十二回，交流第一个话题：梳理出锦襕袈裟和九环锡杖从菩萨手中到玄奘手中的经过。然后讨论第二个话题：为什么菩萨不直接把这两件宝物交给玄奘？出乎意料，敢发言者寥寥。我说了前些日子，习近平总书记为钟南山授"共和国勋章"，为张伯礼、张定宇、陈薇授"人民英雄"荣誉称号的事。为什么习近平总书记亲自授牌？因为这代表的是国家和人民共同的心愿。这样讲，你们明白为什么唐太宗将袈裟、锡杖交于唐僧更合适了吗？学生答：明白了。由唐太宗交给他，寄托了整个大唐的心愿，取经这件事显得更加庄重而神圣。

聊的第二个问题就更接地气了，我问学生住在灵山脚下的僧众，为什么对唐僧行如此大礼。原来这里的和尚都指望到中华地托生，而中华地的师徒却要到灵山、雷音寺来取真经，正可谓此岸向往彼岸，彼岸又思慕此岸。我追问：你们生活中有过这样的经历吗？他们的话匣子一下子打开

了：小方说他对农村生活的丰富经历无比留恋，而他表弟却对城市生活产生无限的向往；小汪同学说，在她妈妈的眼里，别人家的孩子怎么样好，而自己可能又是别人家的孩子。如此这般，让阅读与生命联结，甚好。

上面的教学随记中，真实地记录了阅读是怎样渗透到生活，阅读与生命是怎样相联结的过程。在学习和生活中，更好地理解并传承传统文化，是语文老师和新时代少年的责任和义务。

三、重视家庭教育资源的开发，培养学生良好的阅读习惯

作为一名有十多年儿童阅读推广经验的老师，笔者知道，对刚刚步入小学高段的学生来说，阅读古典名著是有一定难度的。因此，在学生刚步入五年级时，笔者就召开了主题为"高年级整本书阅读，老师家长应该怎么做"的家长会。在孩子的学习过程中，家庭资源的开发与利用是非常重要的。在家长会上，笔者谈了几个话题：在热闹的阅读环境下，孩子需要指导吗？如何帮助孩子实现从解码级到流畅级阅读者？结合新学期《西游记》阅读计划与实施，最后呼吁家长都成为"钱伯斯儿童阅读循环圈"里那个"有协助能力的大人"。在下面这篇阅读教学随记里，可以看到家长、老师的用心陪伴对帮助学生养成良好的阅读习惯起着至关重要的作用。

2020年9月9日　星期三　晴

路上遇到小倪妈妈，说到孩子在家读《西游记》的情况。小倪每天要写的作业很快就能完成，然后带着老师给的几个问题，在爸爸的帮助下每天阅读《西游记》一个多小时。读完，和爸爸一起讨论。小倪由一开始对《西游记》有畏难情绪，到现在能积极主动阅读，跟背后有一个得力的家长有关。家长会上我也强调，这个年龄段的孩子，正是实现由解码级阅读

者到流畅级阅读者跨越的关键时期。此时，孩子背后的大人非常重要。为小倪爸爸点大大的赞。

《西游记》的书和今晚阅读要思考的话题都落在办公室，本来今晚偷个懒，停一回吧。听了家长的反馈，想到孩子坚持阅读，需要家长的配合，更需要老师的坚持。于是，骑上电动车，进办公室，打开电脑，列出问题。

而下面一篇教学随记就更真实地记录了没有老师的指导和引领，学生的阅读会松懈的情况，影响良好习惯的养成。

2021年3月8日　星期一　阴

共读《西游记》第五十五回，周五《西游记》第五十四回交流会上，说到给女王做人物名片时，小洪竟然写出了女王的前世是蝎子精。我意识到，歇了一个寒假，离开了老师的督促，离开了我们共同的阅读场，他们的阅读乱了秩序。今天交流《西游记》第五十五回，大家一起交流给蝎子精做人物名片，不少同学跃跃欲试。小张同学的名片上，还备注了蝎子精的微信号：CLSJRKL。我开玩笑说："你这不是在说程老师就是那个蝎子精吗？"小张连忙说："哦，不是，不是。"小胡连忙接过去说："他的意思是说老师和蝎子精一样漂亮呢！"教室里一片哗然，大家开心地笑。好在有前面四十回的交流打底子，中间虽然断了十四回，稍稍偏离轨道的阅读交流很快就回归到常态。大家认为带孩子读书这件事，真的是要坚持，不能断。如果真的指望孩子自己，有点不太靠谱。最靠谱的是有一个能坚持到底的老师。指导得当、努力坚持，可能是帮助学生养成良好的终身阅读习惯的唯一技巧。

统编语文教材施行的新背景下，扎实有效地开展整本书阅读教学指导，对小学生的成长及语文学科知识的积累和语文能力的提升，包括品德修养、学习习惯、语感养成等核心素养的落实而言，具有十分重要的意义。一年多《西游记》的共读过程，是一个有趣、坚持爬坡的过程。师生共读《西游记》的日子，也是一段师生共生共长、互相影响、彼此照亮生命意义的时光。这一年的共读课堂，既培养了学生的阅读兴趣，教给了学生整本书阅读方法，又培养了学生良好的阅读习惯，从而实现学生阅读水平的提升，也为小学古典名著教学提供了范例，这是一件十分有价值的事。

第八章 "快乐读书吧"在整本书阅读教学中的运用

第一节 依托"快乐读书吧",促成整本书阅读的有效落实

在小学语文教材中,"快乐读书吧"就是专门为学生设计的培养其阅读能力并获得知识延伸的一个重要板块。在这一板块的教学过程中,教师要发挥自身的引导作用,根据选文主题的不同选择相应的阅读材料,指导学生进行阅读,增强学生阅读的趣味性和目的性,使其能够在阅读过程中通过自主实践探究对知识产生更加深入的认知与理解,获得阅读能力的提升与发展。

一、结合单元文本主题,协助学生认知理解内容

我们都知道教材是对教师教学方向与内容的限定,是学生能力提升的基础与保障,是教师教学与学生学习过程中一项必不可少的内容。在教学过程中,教师要从作为"例子"的教材内容中选择相关知识点对学生进行讲解与分析,帮助学生打好基础,提升学习能力,为满足推动学生认知能力发展这一教学需求提供保障。语文课程中的阅读教学,能够帮助学生获得知识面的扩充以及阅读理解能力的增强,是教学实践中的重点。因此,为了提升学生阅读整本书的能力,在实际阅读教学中,教师在进行导读设计时,要结合教材的内容,与单元课文的主题联系起来,帮助学生确立阅读内容的方向,为阅读活动的顺利展开创造条件。

例如在三年级下册快乐读书吧"小故事大道理"的教学过程中，学生需要通过阅读寓言故事体会其中传达出的深刻的哲理思想，在获得阅读能力锻炼与培养的同时能够形成更加积极的思想认知。因此，为了帮助学生对这里提到的寓言故事的概念进行理解与认知，教师要借助本单元的课文内容进行引导与讲解。比如本单元中有《美丽的鹿角》和《陶罐和铁罐》等故事情节非常鲜明的课文，其中的形象与内容十分生动有趣，并且能够进行深刻哲理思想的传达，从而引导学生的认知。通过帮助学生认知寓言故事的含义及作用，让学生在进行整本书阅读时能够对其中的大致内容产生初步的了解，为接下来阅读活动的开展及学生认知能力的增强提供保障。

二、设置教学活动目标，提升学生阅读实践效率

俗话说"有志者事竟成"，制订明确清晰的目标能够更加有效地凸显行动的目的性，实现活动效率的提升。在教学活动中，教师要引导学生根据自身认知能力水平及发展需求制订相应的学习目标与计划。这样做的目的在于，其一能够提升整本书阅读教学的效率，其二能为有效提升学生自我认知和实践运用能力奠定基础，推动学生协调成长与发展。阅读既是语文教学的重点，也是学生综合能力中一项必不可少的技能。教师在阅读教学过程中制订相应的活动目标能够增强学生阅读的效率和目的性，实现能力发展的需求。因此，为了锻炼学生的整本书阅读能力，教师可以通过设置阅读目标的形式引导学生更加积极地参与到阅读实践中，对图书的内容进行了解与掌握，从而提升阅读效率，为教师教学和学生学习等相关活动的开展提供有力支撑。

例如在教学四年级下册快乐读书吧"十万个为什么"时，学生需要通过阅读《十万个为什么》这本经典的科普读物对生活中常见的一些现象和问题进行了解，获得知识面的有效延伸与扩展。为了提升学生的阅读效

率，让学生在阅读过程中能够对其中的内容产生更加深入的理解与记忆，教师首先要给学生设置阅读活动的目标，比如让学生每天分享书中的一个小知识，并通过"班级阅读小报"的形式，让学生用自己的话将其中的知识表述出来，帮助其他同学进行了解与掌握。这样做，一方面可以让学生带着目的去阅读和学习，深入了解整本书的内容，另一方面则通过向同学讲解让其体会传播知识的乐趣，从而主动地完成相应的教学目标，为顺利实施整本书阅读的教学和帮助学生提取信息、提升阅读能力提供保证。

三、丰富教学讲解信息，激发学生参与阅读兴趣

兴趣是推动学生对事物进行了解与认知的重要动力之一，能够为教学活动的顺利开展提供更加有力的支持。教师在教学过程中，要根据学生的认知发展情况制订相应的教学措施，并选择能够激发起学生学习探究兴趣的信息作为补充，丰富教学内容，为促进学生知识面的延伸及教学效率的提升奠定基础。阅读能够为学生提供更加多元化的内容与信息，激发学生深入了解的兴趣，使其在增强阅读能力的同时也得到认知能力的发展。因此，为了提升学生整本书的阅读效能，教师要选择更加具有趣味性的内容作为重点，丰富教学信息，引导学生产生阅读的热情，从而以教学目标的实现达成学生语文素养的提升。

例如在教学四年级上册快乐读书吧"很久很久以前"这部分内容时，教学主题是古代神话，学生需要通过阅读神话故事对远古时期世界和人类的发展状态进行了解与感知，推荐的阅读书目是《中国古代神话》。这本书通过考据整理古代文献资料中的各种神话故事，对中国的神话体系进行了更加系统化的归纳与整理，帮助学生从整体上对古代神话故事进行了解与认知。在具体的教学过程中，教师在带领学生进行阅读时，要在该书的基础上适当进行内容的扩展与延伸，使阅读的内容更加丰富充实。比如在"远国异人"这章中，教师可以为学生补充《山海经》中相关的记载作为

延伸，使学生的阅读兴趣得以充分调动，更加积极地阅读图书内容，从而提升阅读的效率。

四、组织集体阅读活动，培养学生合作阅读意识

学习作为一项集体化活动，能够让学生在互动的过程中获得集体观念和合作意识的培养与锻炼，进而促进学生的全面协调发展。教师在进行教学时，要想实现教学效率的提高及学生语文能力的提升，就必须创设出能够让全员参与学习的机会，让学生沉浸其中。阅读作为帮助学生认知世界并获得知识储备扩充的重要途径，其对学生认知的发展与转变有很好的促进作用。因此，教师可以通过让学生进行集体阅读的方式，引导他们集体探究、分析阅读的内容，集思广益，更加全面深入地进行理解，从而使学生获得阅读能力及集体合作观念的协调发展，为实现学生认知能力的发展及语文教学效率的提升做好铺垫。

例如在五年级下册快乐读书吧"读古典名著，品百味人生"的教学实践中，学生需要通过阅读四大名著，了解其故事内容并感知其文学价值。然而由于名著篇幅过长，学生所花费的时间与精力肯定也会很多。为了让学生能够对名著产生更加深入的认知，教师要尝试带领学生通过合作阅读的方式将名著的内容进行拆分。学生以小组合作的形式对相应的内容进行阅读与了解，并将自己负责部分的主要信息及阅读体会等与成员进行分享，形成一个比较完整的故事情节或章回内容，让故事内容由部分到整体不断被补充完善。学生在集体阅读的过程中多方位地对故事情节发展的进程、人物的特点及蕴含的思想情感等方面产生更加深入的理解与认知，并且学会与他人进行配合，从而保障阅读活动的效率，为提升整本书阅读效率及学生阅读认知能力提供支持。

五、重视基础内容讲解，保障学生文本阅读效果

"千里之行，始于足下"，扎实牢固的知识基础是进行进一步学习与

探究实践的根本前提。在教学过程中，教师结合文本教学对基本知识进行相应的分析与渗透，让学生感知语文基本知识的重要性，更加主动地深入课堂，进行相关语文实践活动，从而夯实知识基础，为促进学生认知的发展并保障教学活动的顺利开展提供支持。小学阶段是学生学习并掌握基础知识的关键时段。学生在阅读文本时都会因为不懂的知识而面临一定的影响。因此，教师在教学实践中要时时留心渗透基础知识的工作，帮助学生牢固掌握并熟练应用基础语文知识，为阅读活动的进行提供支持，从而促使学生更加深入地理解阅读内容，获得阅读整本书能力的不断提升。

例如在一年级上册快乐读书吧"读书真快乐"的教学过程中，教师要考虑到学生识字水平和认知能力正处于不断完善与发展阶段，阅读过程中会出现不认识生字或者不理解语句等情况，给阅读活动的进行造成阻碍。这时候，教师就要在学生开启阅读之前，先对基础的语文知识和汉字、拼音等进行教学，帮助学生夯实基础，并且在阅读过程中随时对学生的疑问进行解答，为接下来学生的阅读活动打下基础。比如当孩子遇到不认识的字时，教师就要让学生通过拼读拼音认知该字，再联系前后文及插图等对该字或者词语的意思进行猜测；当学生实在不能通过以上方法认知汉字的意思时，教师再进行讲解，注重提升学生的自主探究能力，从而让学生在阅读过程中获得语文知识的提升，实现阅读教学的目的。

六、转变课堂教学形式，锻炼学生自主学习能力

作为教学活动的主体之一，学生积极参与到教学活动与实践中能够帮助其对知识产生进一步的认知与理解。课堂上师生相互交流能够对教学活动的效果及学生知识水平和实践能力的发展产生重要影响。随着教学观念的转变以及素质教育的深入实施，教师要为学生创造自主学习的机会，引导其自主进行探究，在实践中对知识产生个体性的认知与理解，以求提升综合素养。在小学语文阅读教学过程中，为了使学生的整本书阅读更有效

率，教师要创造不同形式的教学活动，引导学生进行自主阅读，对其中的思想内容等方面进行体会与感知，从而保障阅读教学目的得到有效实现。

例如在一年级下册快乐读书吧"读读童话故事"的教学过程中，《没头脑和不高兴》是学生需要阅读的内容。为了让学生能够更加主动地进行阅读，教师可以先为学生展示原版动画片，引导学生对主人公"没头脑"和"不高兴"的角色特点进行初步了解；然后再带领学生进行阅读，并让学生通过角色扮演的方式将发生在两个人身上的故事表演出来，让学生在实践过程中对故事的主要内容及人物形象产生更加深入的认知。这样做，一方面可以凸显学生在阅读中的主体地位；另一方面可以增加学生的阅读实践活动，提升学生的认知理解和自我学习能力，有效地完成阅读教学的目标。

总之，借助语文教材中的"快乐读书吧"板块引导学生对整本书进行阅读，并从中学习语文知识，获得阅读能力及思想认知的发展，是一个非常不错的教学路径，也是部编版语文教材编排"快乐读书吧"这一板块的初衷所在。在实际的教学中，作为教师，要注重指导的高效性，为学生整本书阅读提供技术性支持。如此，学生在阅读中就有"章"可循，有"路"可走，有"法"可依，并在不断的阅读实践中发展其自身的语文素养。

第二节 "快乐读书吧"让学生"快乐"阅读

一、"快乐读书吧"的编排逻辑

从一年级起，统编语文教材就安排了"快乐读书吧"的板块，将课外阅读真正纳入课内教学中，编者根据学生的年龄、心理特征和阅读水平，有计划地推荐书目，引导学生进行真正意义上的整本书阅读。从各册"快乐读书吧"阅读主题的安排来看，一年级上册的"读书真快乐"是对低年级学生进行课外书阅读启蒙，阅读的内容主要是从朗朗上口的童谣、儿歌开始，逐步过渡到学生喜爱的童话故事、儿童故事，再到篇幅渐长的叙事性作品。随着年级上升，不仅阅读主题的编排呈螺旋式上升，阅读外延拓展也由浅入深。推荐的每种课外阅读书目下，都会呈现这本书的内容简介或情节赏读、趣读等，以此激发学生的阅读兴趣。到了中高年级，又设置"相信你能读更多"栏目，以一本书的重点指导带出多本书的拓展，这也是根据课标精神由浅入深地拓展阅读，更是"快乐读书吧"从课内阅读到课外阅读的桥梁作用的充分体现。根据这一规律，在阅读方法的指导上，编者也注重循序渐进，主要以"阅读小贴士"来呈现，让不同年级的学生都明确了解阅读的形式和要求。熟悉"快乐读书吧"的这些编排逻辑，也能对统编教材更加深入地理解，准确把握教材的编写意图，抓住教材编写的着力点，利用好这座拓展课外阅读的"桥梁"，对整个小学语文的阅读学习来说都是十分关键的。

二、运用"快乐读书吧"，让学生快乐阅读的教学实践

不同体裁的故事有不同的阅读方法。基于神话故事体裁，笔者设计了阅读策略。通过师生共读一本书找到阅读方法，在明确方法的基础上，进行同伴互读，从而延伸到课外阅读。学生从阅读一本书到阅读一类书，从课内阅读延伸到课外阅读，从共读到自由阅读，增强了阅读兴趣，掌握了阅读方法，拓宽了阅读视野。

（一）师生共读，明方法

在师生共读环节，笔者采取三种课型——导读课、交流课、推进课顺序推进的方法，学生从最初的产生兴趣到习得阅读方法，收获颇多。老师和学生共读一本书有很多好处。比如遇到困难时，老师能够根据书本内容给予帮助，更好地帮助学生解决问题。同时，在共读的过程中，学生能够循序渐进明确读书方法，在读类似的课外读物时，能够运用之前得出的方

法，自主阅读。根据四年级上册快乐读书吧的内容，笔者和学生选择共读《中国神话传说》和《世界神话传说》。

1.看前导读，激发兴趣

设计导读课的目的是激发学生的兴趣，导读课形式多样，可以读、讲、演，也可以观看相关影视片段等，制订相应的阅读计划和简单的读书记录。学习单具有"导读、导思、导做"的功能，神话故事学习单能帮助学生走进神话故事，还能整理出印象深刻的神话故事，便于课堂交流，更高效地学习神话故事。有了学习单的前期铺垫，后期的阅读就方便多了。

（1）读目录，感受人物的奇特。读书先读目录。目录里藏着很多小秘密，善于读目录的孩子肯定能读好书。目录是一本书内容的提炼和浓缩，有很高的概括性，读懂目录能够了解整本书的主旨。《中国神话故事》的目录中一共有12个小故事，比如后羿射日、女娲补天、夸父逐日……其实每个题目都告诉了我们神话故事的主要内容。

（2）细读，感受故事的神奇。第四单元已经学习了四个神话故事，分别是精卫填海、盘古开天地、普罗米修斯、女娲补天，故事中的主人公都有超能力，正义善良，为民造福。在品读其他神话故事时，同样要感受主人公的心理，才能真正读懂神话故事。下面是课堂实录——

播放短视频：他孤身一人爬上基太隆山，钻进茂密的森林，找到了那只狮子。勇猛的他几拳便打死了狮子。他把狮皮披在身上，并将狮头做成头盔，戴在头上。

让孩子们猜一猜这是哪个神话故事（大力士赫拉克勒斯），视频的戛然而止，大大激发了孩子们的阅读欲望和兴趣。请孩子们把书本翻到第47页，找一找大力士赫拉克勒斯遇到了哪些困难，他是怎么样解决的。从学生的回答中，寻找规律。

引导总结：作者通过神奇的想象，帮大力士解决了困难。

（3）微课指导，方法总结。读神话故事是有方法的，通过微课来总结一下。根据"阅读计划表"制订阅读计划，目的是记录看书的时间，同时养成自我监督管理的习惯，把这本书读完。阅读时先读标题，猜猜故事里会有哪些人物。同时发挥想象，领悟神话故事的神奇，把自己想象成神话中的主人公，感受主人公的超能力和故事的神奇。

2.看中推进，习得方法

（1）交流阅读进程，引导阅读好习惯。神话故事的阅读推进课，第一板块便是交流阅读进程，检测阅读效果。一个多月的时间里，师生共读了《中国神话传说》和《世界神话传说》。笔者下发了学习单，里面的内容是，画一画你最喜欢的神话人物，摘抄你最喜欢的精彩片段。在课堂上，投屏学生作品，让大家猜一猜是哪个神话故事。作品来源于学生，成果归还给学生，这样的导读，这样的交流，最终让学生水到渠成地走进神话故事。

（2）分享阅读记录，学习阅读好方法。读神话故事的这段时间，笔者在每节语文课前都会抽出几分钟交流阅读记录。请三位同学说一说，自己认为最精彩的环节，精彩在哪。现摘录几位同学的回答。

王乐杨：我觉得《烛龙神》这个故事很有意思，它眼睛一睁一闭、嘴巴一呼一吹的环节最精彩。因为吹出来的气是热的，作者就把吹气想象成温暖的春天；睁眼能看到光明，作者就把睁眼想象成白天，这样的描写我觉得很有意思。

陈紫涵：我最喜欢《后羿战巴蛇》这个故事。后羿的本领真是强大，他能射下天上的太阳，还能战胜巴蛇。故事中他几次大战，即使已经受伤了，最后还是凭着一弓一箭杀死了巴蛇。

蒋希贤：我喜欢的是《一只眼睛的奥丁》。这个故事里有一个问题我一直想不明白，奥丁已经被悬挂在树上九天九夜了，并且这九天九夜他是不能动弹的，那他又是怎么找到智慧之泉的呢？不过我觉得这应该就是故事的神奇之处吧，所以我很喜欢这个故事。

3.看后交流，分享体会

（1）回顾阅读历程。在阅读交流课上，让所有学生说一说过去的半学期共看了几本神话故事，累计阅读量多少。比一比谁是阅读小达人，谁的阅读量最多。笔者还让学生回顾阅读神话故事时，遇到了哪些问题，最终是如何解决的。

（2）分享阅读成果。在交流课上，学生用各种各样的方式展现阅读成果。学生不再用画的方式描述最喜欢的神话人物，而是说神话人物，但是不能出现神话人物的名字。学生说一说自己最喜欢的神话故事是哪一个，理由是什么。在这个环节，学生众说纷纭，都表达了自己的观点。笔者提前告诉大家，如果你的故事被评选为最受欢迎的神话故事，那说明你很会读书，可以获得一份礼物。通过开展丰富多彩的阅读活动，学生对神话故事的兴趣更浓厚了，阅读感受更深了，也具备了相应的神话故事学习方法。

（3）复述神话故事。《小学语文课程标准》指出，中段学生应注重复述故事的能力，在充分了解故事内容的基础上，创造性地复述故事。神话故事是靠口口相传从古流传至今的，因而神话故事的复述尤其重要。在神话单元，学生已经学习了好几种讲故事的方法。比如，《盘古开天地》抓住事情的起因、经过、结果来把盘古开天地的过程说清楚，《精卫填海》通过抓住关键动词来讲故事，等等。在课堂上，笔者提供几种情节单供学生选择，学生也可以画自己喜欢的情节单来讲故事。

复述故事是每个中段学生应掌握的技能。在复述故事的基础上，学生可以选择性地创作神话故事。有了前期的铺垫，学生能够发挥想象，把故事创造性地编写出来。教师还要提醒学生讲神话故事要有节制，注意悬念的保持和拉伸、高潮的抑扬、结尾的保留与隐忍、尾声余韵的唤起等，这些都是有意义和效能的方法。因此，在中期的推进课上，教师应指导学生阅读神话故事时把握好节奏，走走停停，看看想想。关键处的"停"，既要合乎神话作品自身的神奇特点，又要有利于学生观察、猜测、想象和理解感悟。这样的复述才是有效的。

（二）同伴互读，促交流

1.班级调查

第一次阅读推进课后，笔者对本班学生进行了"你最喜爱的神话故事"调查，目的是调查学生的阅读爱好，了解学生的阅读欲望。只有足够了解学生的阅读兴趣，才能更好地指导学生阅读方法。

2.阅读磁场

阅读磁场是指根据学生的阅读兴趣，自动将学生划分到某个区域，这些学生看同一类书。根据随机调查结果，笔者将学生进行分组。喜欢中国神话的分到第一组，喜欢希腊神话的分到第二组，剩余的同学分到第三组。每组推选一个组长，由组长组织策划读书活动。

3.同伴交流

都说一千个读者就有一千个哈姆雷特，即使是读同一本书，每个人的感受也是不一样的。读后交流，能把一个人的感受带给大家，也能听到其他同学的感受。因此，同伴交流显得尤其重要。在交流环节，笔者组织学生交流人物、语言、想象、神奇四大主题。神话故事是文学园地中的一朵奇葩，它以迷宫般曲折的情节和精美生动的语言散发出独特的艺术魅力。学生看神话故事时是充满快乐的，他们从神话故事的语言、想象中感受它的神奇、领略它无穷的魅力。交流神话故事让学生更有体会。神话故事《后羿战巴蛇》中的后羿就靠一把剑，一挥一舞战胜了巴蛇；普罗米修斯靠着惊人的勇气盗取了火种……学生阅读一个个神话故事的同时，把那些精彩的想象、语言、心得感受等等写下来互相交流，从而加深了对神话人物、神话情节的理解，对阅读神话故事有很大的帮助。

4.个人阅读，增兴趣

有了前期导图课、推进课的铺垫，学生已经能够自主阅读神话故事。此时，笔者就让学生自主选择最喜欢的神话故事，配合"阅读记录卡"和"读书记录卡"在课外阅读神话故事。笔者相信，再读神话故事，那些栩栩如生的神话人物一定深深烙印在学生的心中。有了这样的理解和想象，展现的方式也将多种多样。

（1）好书推荐卡。既然是学生感兴趣的书本，一定有他们喜欢的理由。看完书后，笔者让孩子们制作了一张张好书推荐卡，既锻炼了他们的动手能力，又提升了他们的语言提炼能力。其他同学看了这一张张好书推荐卡后，也会对神话故事产生浓厚的兴趣。

（2）演故事。只有真正读懂故事、走进人物的内心，才能演好故事，所以笔者又推出了"演神话故事"的栏目。学生学习角色的对话和故事里的语言，既提高了他们自己的语言表达能力，又增强了他们阅读的兴趣和对神话作品的体验。再者，演故事是孩子们最喜欢的一种形式，每一次的演出都是全场沸腾、掌声一片，真正达到了吸引孩子注意力的目的。

（3）配音秀。如今有各种各样的配音秀App和电视栏目，这些栏目深受大家的喜爱。配音秀是一门艺术，给参与者和评委带来享受。笔者给本班学生准备了一些去掉原声的神话视频，让他们挑选自己喜欢的，然后在父母的帮助下，进行配音。在班队活动课上，播放学生的配音秀作品，班级氛围非常好。

神话故事的最大特点是人物神奇、故事情节神奇。在一系列的阅读推进课上，笔者通过对比中外神话、品读、竞赛等各种形式，让学生自主体会神话故事的神奇。学生通过各种方式来把握神话故事的主要内容，还能借助这些方式来复述神话故事。虽然有各式各样的方法，但这些方法仍是局限的，是否有更好更高效的方法，值得我们继续思考，继续探究。

第三节　统编教科书第二学段"快乐读书吧"的运用

　　课程标准中关于阅读教学的建议明确指出，阅读教学"要重视培养学生广泛的阅读兴趣，扩大阅读面，增加阅读量，提高阅读品位。提倡少做题，多读书，好读书，读好书，读整本书"。统编语文教科书在每一册中都编排了"快乐读书吧"栏目，此栏目提倡整本书阅读。通过调查和访谈，笔者发现大部分教师对12册书中的"快乐读书吧"没有系统的认识，进而导致零碎化的教学；有的教师因教学时间缺乏保障，采用"蜻蜓点水"式教学，阅读指导不到位，学生的阅读能力提升困难；有的教师因缺乏有效的教学方法，课堂上重视字词和知识教学，阅读要素难以落实。面对存在的问题，笔者查阅相关文献资料，研读相关书籍，从何更生主编的《新编语文教学论》中找到"整本书阅读教学策略"并加以运用。运用过程中，笔者结合"快乐读书吧"教学建议，按照导学阶段、持续阅读阶段和读后交流阶段展开教学。实践中，此策略既激发了学生的阅读兴趣，又帮助学生找到了有效的阅读方法，切实提高了学生的语文阅读能力。下面以统编语文教材第二学段"快乐读书吧"栏目为例，浅谈整本书阅读教学策略。

一、第二学段"快乐读书吧"栏目简述

统编语文教科书第二学段"快乐读书吧"内容一览表

册次	推荐书目
三上	《安徒生童话》《稻草人》《格林童话》
三下	《中国古代寓言》《伊索寓言》《克雷洛夫寓言》
四上	《中国神话传说》《世界经典神话和传说故事》
四下	《十万个为什么》（米·伊琳）《穿过地平线》（李四光）《细菌世界历险记》（高士其）《爷爷的爷爷哪里来》（贾兰坡）《地球的故事》（房龙）《森林报》（比安基）

　　通过此表我们看到，"快乐读书吧"栏目推荐的都是整本书，那就可以尝试运用整本书阅读教学策略。关于"快乐读书吧"教学，义务教育教科书教师教学用书指出，此栏目安排的读书活动，主要由学生在课外自主完成，但教师不能放任不管，要加强阅读指导。整本书阅读教学策略与统编语文教材第二学段教学用书对"快乐读书吧"的教学建议有异曲同工之妙，都是让学生达到语文课程对阅读的要求，切实提升学生的语文阅读能力。我们来回顾一下统编教材此学段"快乐读书吧"所提出的建议：开始读书之前，可以组织一次导读活动，找到学生的阅读兴趣点，指导学生做好阅读计划，明确阅读方法和要求，落实阅读要素；读书的过程中，可以通过多种方法激励学生持续阅读，要适时检查，及时指导；学生阅读完后，还要组织学生开展交流活动，并适当引导学生进行更加丰富、深入的阅读实践。于是，笔者运用了整本书阅读教学策略教"快乐读书吧"。在教学过程中，教师引导学生明确阅读要素，有针对性地进行阅读教学指导，防止教学方式单一、死板；选择阅读方法，让学生轻松阅读，避免学生阅读起来力不从心，导致厌恶读书的不良后果；组建阅读小组，借同学之间可以相互督促、相互鼓励、相互借鉴的优势，提高学生阅读的水平，做好课外阅读的拓展；做好读写结合，使学生从阅读资源中获得写作的素材和灵感，从写作中获得深入阅读的兴趣和动力。

二、整本书阅读教学策略在"快乐读书吧"栏目的运用

　　笔者按导读阶段、持续阶段、读后交流阶段这三个阶段，浅谈统编语文教材第二学段"快乐读书吧"中整本书阅读教学策略的运用情况。

（一）导读阶段

1.多种形式激发学生的阅读兴趣

爱因斯坦曾说："兴趣是最好的老师。"有了学习兴趣，教师可以

充分调动学生的积极性，营造宽松、和谐的学习氛围。可见，兴趣在学习中起着至关重要的作用。在整本书阅读教学中，激发学生的阅读兴趣不可或缺。如何激发学生的阅读兴趣？我们可以根据不同文体，确定不同的教学方法。比如三年级上册童话，我们利用动画片或插图激趣。因为许多经典童话故事被制作成了动画片，如《白雪公主》《丑小鸭》《卖火柴的小女孩》等，教师可以播放动画片的精彩片段，引导学生到书本上了解更多的故事情节。统编语文教材也配有精美的插图，教师在课堂上展示一些插图，让学生猜测相对应的故事情节，吸引学生阅读童话故事。四年级上册神话故事，我们可以利用已经学过的课文激趣。比如，我们学习了《盘古开天地》《女娲补天》等课文，可以从学生已经熟悉的这些神话故事和人物入手，引出《中国神话传说》一书。四年级下册科普作品，我们可以利用日常生活现象激趣。比如，利用"水为什么能灭火？为什么酵母的面团会发起来？"等问题激发学生探索的欲望，进而使学生产生阅读科普作品的兴趣。除了上面所说的方法之外，还可以借助书本中的片段、趣味活动等激发学生的阅读兴趣，笔者就不一一赘述了。

2.明确阅读要素，阅读小组共商阅读计划

在"快乐读书吧"栏目教学中，有的教师只顾课外阅读的拓展，往往忽视阅读要素的落实。我们进行整本书阅读教学，应该明确整本书的阅读要素，也就是明确阅读任务，这样有助于制订阅读计划。现在笔者以四年级上册"快乐读书吧"中《中国神话传说》整本书教学为例——

根据"小贴士"，明确本次读书活动的阅读要素。《中国神话传说》阅读要素如下：

书名	阅读要素
《中国神话传说》	能边读边想象，感受神话的神奇
	产生阅读中国神话的兴趣，自主阅读相关作品，了解故事内容

在整本书阅读教学中，教师自己应该明白整本书的阅读要素是什么，

这样有利于引导学生制订阅读计划。到了中年级，学生已经有了一定的经验，顺势引导学生建立阅读小组，一起制订阅读计划，营造同读共享的氛围。阅读计划包括阅读时间、阅读进度、交流方式等项目。在制订计划时，我们可以提醒学生试读几页，记录下时间，避免计划与现实有太大的偏差。根据学生阅读水平（高、中、差），将本班学生进行分组，各小组制订阅读计划表并填写内容（阅读计划表1、2、3是我们班师生共同讨论的结果，值得大家借鉴），师生共同探讨阅读计划的合理性，这样有利于整本书阅读教学。

阅读计划表1（阅读水平高等）

姓名	阅读内容	阅读时间	读后感撰写	讨论时间	讨论内容

阅读计划表2（阅读水平中等）

姓名	阅读内容	阅读时间	阅读感想（疑惑、词句体会等）	讨论时间	讨论内容

阅读计划表3（阅读水平差）

姓名	阅读内容	阅读时间	积累词句	讨论时间	讨论内容

3.熟悉不同文体特点，指导阅读方法

华东师范大学董蓓菲教授认为：很多阅读能力差的学生之所以不能有效阅读或者阅读效率不高，是因为他们没有掌握一定的阅读方法。可见，阅读方法的选择至关重要。笔者现在以《中国古代寓言故事》为例来谈谈如何指导学生选择阅读方法。

探究寓言的阅读方法教学片段：首先，探讨阅读寓言故事的方法，引出四步阅读法；其次，让学生用四步阅读法，自主阅读《杯弓蛇影》，阅读后进行交流；再次，思考四步阅读方法运用情况；最后，用填空的形式回顾四步阅读法。通过这一探索寓言阅读方法环节，帮助学生总结阅读方法，一步一步指导其运用。这样，今后遇到寓言文体，学生就懂得了解情节、分析角色、领悟道理，学以致用，层层递进地阅读整本书。

（二）持续阶段

整本书导读教学完成，激励学生持续阅读是重中之重。读书的过程中，可以通过多种方法激励学生持续阅读，养成良好的阅读习惯。教师要精心组织、设计整个阅读活动。笔者基于"快乐读书吧"，采用整体阅读教学策略中建立阅读小组的方法。阅读小组互相监督，互助阅读，推动阅读进度。

1.检查阅读进度，给予表扬鼓励

教学时以小组为单位，运用检查阅读进度评价表检查小组个人阅读情况，统计本小组阅读情况，然后在班级进行汇报并预测完成时间。接下来，教师对学生的阅读情况进行总评，对执行好的小组给予表扬；对执行情况不理想的小组，可以让执行好的个人传授阅读方法，共读互助。

检查阅读进度评价表

	姓名	内容进度	预测完成时间	个人阅读情况自评	教师总评
小组名					

2.解决阅读难题，推进阅读进度

随着阅读的推进，教师可以适时组织课前分享互动，利用课前3分钟让学生讲自己的阅读感受以及阅读中遇到的问题。对遇到的问题，可以安排小组交流，师生共同探讨，解答心中疑问，推进阅读进度。

（三）读后交流阶段

叶圣陶先生曾说过：阅读与写作本是一体的，如阅读得其法，阅读水平提高了，写作水平也会提高。整本书阅读教学是读者和作者、作品、同伴、自己的对话过程。阅读是对话的过程，写作也是对话的过程，要做好读写结合。学生读完整本书，教师可以组织开展不同形式的交流、展示活动，让学生体会到阅读的快乐，营造人人爱读书、人人好读书的氛围。

1.阅读笔记比一比，日积月累

好记性不如烂笔头。学生可以记录下自己所不理解的词语和句子，查找学习，积累词句。同时，学生也可以记录自己对片段的阅读感想，可以从知识、情感、技能角度写批注，提高自身的阅读能力。第二学段的学生已经具备一定的语文能力，如查字典、查资料和分析句子的能力。读后，教师可以引导学生以小组为单位，进行阅读成果展示，把优秀的阅读记录卡粘贴在班级优秀作品展上，让大家学习。

2.开展读书分享会，分享精彩

读书分享会是一种读书交流活动。整本书阅读完，我们可以与大家分享阅读中的精彩片段，分享书中的故事，分享自己的观点，也可以分享自己的故事。比如读完《中国古代寓言故事》后，可以根据寓言中蕴含的道理划分小组，让学生把印象最深的寓言故事讲给大家听，讲完后可以说说自己为什么记得这个寓言故事，理由是什么，把讲得最好的几个寓言粘贴在班级展板上分享。

3.撰写读后感，能力转化

写好读后感的关键是要选择自己感受最深的东西去写。一千个读者有一千个哈姆雷特，每个学生所关注的阅读点不一样，他们的感受也不一样。写读后感，学生不仅把自己在整本书阅读中学到的语言运用到自己的习作中，而且把自己的情感进行升华。读后感的"感"是重点，学生要联系自己的生活经验，谈谈自己的心得体会。从读到写的过程，有利于能力的转化。读后交流阶段，不仅可以运用这些方法，还有别的交流方法，比如科普作品可以进行科普讲座，寓言故事可以开展讲故事比赛等，在这里不再详细叙述。

基于"快乐读书吧"栏目，笔者运用整本书阅读教学策略，激发阅读兴趣，明确阅读任务，选择阅读方法，建立阅读小组，做好读写结合。这些策略的运用既激发了学生的阅读兴趣，引导学生掌握有效的阅读方法，让学生爱上阅读，又可以避免阅读教学浅尝辄止，丰富教师的阅读教学经验，从而实施有效的阅读教学。同时，运用整本书阅读教学策略把学生的阅读兴趣和方法相结合，达到统编教材"快乐读书吧"栏目设置的初衷，切实提升学生的语文能力。

第四节　基于"快乐读书吧"开展小学语文阅读的实践

《语文课程标准》中明确地对整本书阅读提出了要求，是为了进一步提高学生对阅读的兴趣，帮助学生进一步拓宽学习视野，能够使用恰当的阅读方法，培养学生自身的阅读经验，养成终身阅读的良好习惯，达到提高语文核心素养的最终目的。虽然《语文课程标准》中提倡教师要引导学生更多地进行整本书阅读，具体的开展措施却没有进行明确的建议，只是笼统地强调需要进行指导、创设阅读活动，提供交流机会，营造阅读氛围。因此，当下如何有效地开展整本书阅读，是值得每个语文教师思考的问题。

一、阅读前有效指导，明确阅读过程

要想有效地培养学生的阅读习惯，引导学生完成整本书阅读，教师首先要起到带头作用，通过良好的阅读习惯为学生展示一个成熟阅读者的形象。与此同时，教师不能只是引导学生学习如何阅读，而是应该以读者的身份与学生进行交流互动，分享自己的经验及视角，帮助学生培养选择图书的能力。通常来讲，整本书阅读包括五个环节，也就是选择书目、提前阅读、整本书通读、自主研读以及最后的成果展示。因此，教师就可以以此为基础，加强对学生阅读前的指导工作，帮助学生进一步明确整本书阅读的开展方向。

例如，教师在正式指导学生开展整本书阅读之前，要抽出时间完成相应书目的阅读，整体上对书目进行认知，并选择一些较为精彩的章节，挖掘其所具备的艺术美感及教育价值，标出学生可能存在的困惑点，为之后与学生交流互动提供参考，为学生营造一个良好的阅读氛围。随后，教师就可以结合《小学生基础阅读书目》及《清华附小推荐阅读书目》等参考列表，根据班级学生的实际情况及现实条件进行筛选，为每个班级的学生选择最适合其阅读的课外书目。值得注意的是，教师必须保证选择的书目具有较强的经典性，适宜儿童阅读，并且具有较强的阅读价值。快乐读书吧推荐书目的不断升级，能够保证学生在小学阶段对幻想文学、探索故事等不同类型的书目有不同程度的涉猎。针对学生的阅读现状，教师可以引导学生在正式开展阅读之前先观看书的封面、目录以及插图，总结出这本书的关键信息，了解大致内容，随后决定是否进行通读。而针对班上一些具有良好阅读习惯及阅读能力的学生，教师就可以引导他们结合自己的实际能力，制订相应的阅读计划，在完成每天的阅读任务后，简单地和家长、教师分享一下自己的心得，进一步达到能够自主制订计划、自主规划阅读时间以及总结各个阶段阅读感受的能力。

二、阅读中针对指导，提升阅读质量

深入研究部编版小学语文教材"快乐读书吧"这一板块的功能定位，可以发现将整本书阅读课程化具有较高的教学价值。整本书阅读作为语文教学中的重要组成部分，其教学目标、教学过程、教学评价及教学内容需要结合班级实际情况进行确定。值得注意的是，需要避免整本书阅读过于课时化，过多地组织相关课堂教学，学生会降低自主阅读的热情。因此，教师应当重视对学生整本书阅读的科学引导，进一步提高学生整本书阅读的阅读质量。

例如，教师在结合"快乐读书吧"这一板块引导学生开展整本书阅读时，就可以在开展整本书阅读前的共读课或者导读课上，根据实际情况，让学生结合自己制订的阅读计划单开展自主阅读，将更多的课堂时光还给学生，让学生能够享受更加自由的阅读时间，避免整本书阅读的过程过于课时化。除此之外，由于小学阶段的学生难以长期保持注意力，如果阅读过程较为单调，很容易放弃阅读，所以教师就可以设置一些阅读任务，让学生在兴趣的引导下，主动地开展阅读。在五年级下册"快乐读书吧"古典名著这一板块的阅读过程中，教师就可以为学生设置一个寻找线索的阅读任务，让学生在不同古典名著第几章第几回寻找一些任务线索，找齐所有的任务线索之后，就能够完成相应的任务目标。在这一过程中，学生通过把握书中的主线，可以在任务的驱动下自主完成剩余部分的阅读，提高阅读幸福感及认同感，并且对自己的阅读完成情况进行评价，提高自身的阅读素养。

最后，教师还可以为学生设置一些整本书阅读的阅读活动，通过一系列的任务问题，引导学生从不同角度、不同层次对阅读过程进行认知，提高学生的阅读素养。在六年级下册"快乐读书吧"中就可以引导学生结合外国名著，进一步拓宽阅读视野。教师可以设置课外阅读学习任务，首先让学生通过读名著的序言，上网查找相关资料，了解外国名著创作的历史背景、小说中的时代背景以及相应的写作背景和地理背景等；其次，教师可以让学生通过对比阅读，感受中国与西方文化思维方式及价值观念等存在的差别；教师还可引导学生从人物形象、社会现象等多个不同的角度谈谈自己的阅读体会，激发学生对图书价值的解读能力。

三、阅读后提升指导，强化阅读体会

在完成课外书的通读及课后的研读之后，学生会对不同的课外书产生个性化的阅读体会，独特的认知，以及相应的思考，这些内容需要一个途径进行有效的表达。因此，教师就应当重视学生整本书阅读之后的教学指导，帮助学生通过成果展示进行读书交流，或通过加入阅读工作坊等途径，提高学生对课外书的阅读体会，以便达到提高学生阅读素养的目的。

例如，学生在完成课外书的阅读之后，可能会对书中的一些内容存在疑惑，教师就可以引导学生将自己存在疑问的句子或者段落进行摘抄，不断地回顾反思，通过不断的接触，逐渐解决阅读过程中存在的问题。教师还可以引导学生通过制作宣传海报或者是思维导图的方式，向班级其他学生推荐自己的阅读书目，甚至可以结合课外书制作相应的音频，或自己朗读，将书中的经典桥段进行还原。而针对一些阅读水平较强的学生，可以引导他们进行创意写作，结合课本内容，发挥自己的想象力，将阅读体验转换为真正的作品输出，留下独特的阅读回忆。

除此之外，教师还可引导学生开展读书经验交流分享会，由教师与学生共同确定读书会的主题及形式，将学生的阅读成果进行有效的分享，建立不同课外书之间的关联。学生也可以在交流读书经验的过程中分享自己的读书技巧，促进个性化阅读策略的完善。在这一过程中，通过推动学生的反思进一步达到提高学生阅读素养的目的。最后，教师还可以通过建立阅读工作坊的方式，将工作坊的理念与小学整本书阅读相结合，通过学生交流及经验分享，共同解决阅读过程中遇到的一些问题。值得注意的是，在工作坊的建设过程中，需要重视四个要点，分别是情景的设置、意义的建构、团队的协作以及深度的交流。通过阅读工作坊一系列的组织策划，让每个团队提供一个组织方案，再集体进行经验分享，其他的团队则结合该团队的意见，提出自己的意见，等等。

四、基于通读建活动，推动阅读感悟

学生在整本书阅读过程中，很难从头到尾完整地读完阅读材料。由于精力和时间的限制，以及喜欢阅读一些比较有趣的情节，因此学生往往先阅读整本书的开头部分，再大概地浏览全书，根据图画或者关键词选择自己想看的内容。结合学生这一阅读心理，教师便可以进行有效的引导，在每次的整本书阅读活动中，给学生五分钟浏览新书，引导学生多次回顾同一文本，在每次回顾中都能够有新的发现，产生新的阅读动力。而基于通读可以构建的整本书阅读活动，包括聚焦细节、猜测阅读、结合生活迁移阅读、浏览目录选择阅读以及趣味对话、体验阅读等，且阅读形式可以结合班级学生实际情况灵活地进行选择。针对不同能力水平和不同阅读喜好的学生，也可以选择不同的活动进行有效的引导，从而达到提高学生阅读兴趣，强化学生阅读专注力，发展学生阅读思维，强化学生阅读素养的目的。

例如，二年级上册"快乐读书吧"的主题为"读读童话故事"，这一阶段也由过去以图画为主的绘本阅读，逐渐过渡到了以文本为主、插图为辅的文本阅读。因此，教师就可以引导学生将《神笔马良》等童话故事中的插图制作成卡片，并引导学生以两人为一个小组，结合阅读课程将制作好的插图卡片进行排序，尝试结合插图回忆故事中的主要情景，并简单地用语言进行表述。除此之外，教师还可以引导学生设计故事概要，让学生在阅读时通过标画的方式记录马良画过的东西、做过的事情，并通过泡泡图等方式制作成故事脉络发展图，为其他阅读该书的小伙伴提供故事大纲指导。在学生完成整本书阅读之后，教师还可以引导学生为童话故事中的角色制作简介卡，不仅针对各个童话故事的主角，也鼓励学生简单介绍故事中的配角甚至反派。为这一个个具有鲜明特征的人物角色制作简介名片，适应学生重读角色相关情境的重要过程，能够加深学生对各个角色的感知和思考，使学生高效地开展整本书阅读。

不同的通读活动能够引导学生选择不同的方式进行整本书阅读，通过浏览、跳读、细读、局部精读等，学生在整本书阅读过程中能够更好地对故事内容进行梳理，留下完整的阅读印象，在每次阅读中都产生良好的阅读体验，并且有新的阅读发现。结合"快乐读书吧"这一板块，教师通过有效的策略指导，能够帮助学生深入地交流互动，激发阅读思维、凝聚阅读智慧，进而借助教师与学生、学生与学生之间的分享交流，实现整本书阅读的教学目标。

第五节 "快乐读书吧"教学存在的问题及对策

重视阅读已成为小学语文教学的共识，统编语文教材尤其注重学生阅读习惯的养成和阅读内驱力的培养，设置了全新的栏目"快乐读书吧"，使其与精读、略读形成了"三位一体"的阅读课程体系。面对这样一个全新的阅读课程体系，小学语文教师一直在积极思考如何"培养学生广泛的阅读兴趣"，在不断实践中试图探索出有效的策略。

统编语文教材总主编温儒敏教授曾说："语文教学，最重要的是培养读书的种子。"基于此，统编语文教材在编排上，除了安排精读课文、略读课文外，还将课外阅读纳入教学体系中。"快乐读书吧"就是统编教材实现课外阅读课程化的体现，它与精读、略读形成了"三位一体"的阅读课程体系。作为阅读课程从课内走向课外的桥梁，如何发挥其作用，激发、培育儿童的阅读兴趣？结合教学实际，笔者将从以下几点浅谈自己的思考与认识。

一、"快乐读书吧"教学存在的问题

"快乐读书吧"教学存在的问题主要体现在以下几方面：

一是忽视"快乐读书吧"的学习。统编语文教材自使用以来，不少教师在实际教学中，经常会忽视这一板块的教学安排，将重点放在精读课文的学习上，其次是略读课文，而这个通往课外阅读延伸的桥梁直接被"掐断"，或一带而过。学生的学习活动随着教师的指引前行，如果教师没有明确的指引，阅读只能停留在课内。

二是割裂"快乐读书吧"的学习。梳理各册"快乐读书吧"的内容，不难发现它是有内在逻辑的，在平时的教学中，每个教师的侧重点不同，会出现走马观花式的指导，或者单独对某一册稍加指导，忽视上下册的衔接。无论是这种流于形式的教学，还是割裂开整个课程体系编排的教学，都是不可取的，这违背了统编语文教材重视课外阅读的编排意图。

三是学习形式单一，难以激发学生阅读内驱力。阅读是语文教学的重点，重视阅读已成为语文教学的共识，用好"快乐读书吧"正是培养学生阅读内驱力的大好契机。在实际教学中，因为教学任务重、繁杂，课堂时间有限，阅读活动就以比较单一的形式出现，学生会因为感到不新鲜、很枯燥，而难以持续将阅读延伸到课外，这实际上就是教师没有调动起学生足够的阅读内驱力。

二、如何有效促进"快乐读书吧"的教学

（一）认识"快乐读书吧"的教材地位

统编语文教材设置"快乐读书吧"的意图是推动课外阅读，这让课外阅读成了语文教师的"分内事"，但它不同于识字课、阅读课的教学目标完整、明确。虽然教学用书中提出建议每个"快乐读书吧"用1到2课时完成，但它的落实不是仅仅两个课时就能达到的，需要持续几个月甚至一个学期来完成。认识到这个栏目的教材地位，教师就不能"无指导、无跟进、无计划"。教师要了解学生的阅读起点，帮助学生制订阅读计划，给出可实施的阅读指导方法，对整个过程进行跟进。如果片面地将语文阅读停留在课堂上几篇精读课文的学习上，而忽视这个栏目，不仅违背了统编语文教材的真正编写意图，还会将学生的课外阅读兴趣"扼杀"在摇篮中。

（二）熟悉"快乐读书吧"的编排逻辑

从一年级起，统编语文教材就安排了"快乐读书吧"的板块，将课外阅读真正纳入课内教学中，根据学生的年龄、心理特征和阅读水平，有计划地推荐书目，引导学生进行真正意义上的整本书阅读。从各册"快乐读书吧"阅读主题的安排来看，一年级上册的"读书真快乐"是对低年级学生进行的课外书阅读启蒙，阅读的内容主要是从朗朗上口的童谣、儿歌开始，逐步过渡到学生喜爱的童话故事、儿童故事，再到篇幅渐长的叙事性作品。随着年级的上升，不仅阅读主题的编排螺旋式上升，阅读外延拓展也由浅入深。每种推荐阅读的课外书下，都会呈现这本书的内容简介或者情节赏读、趣读等，以此激发学生的阅读兴趣。到了中高年级又设置"相

信你能读更多"栏目，以一本书的重点指导带出多本书的拓展，这也是根据课标精神由浅入深地拓展阅读，更是"快乐读书吧"从课内阅读到课外阅读的桥梁作用的充分体现。根据这一规律，在阅读方法的指导上，编者也注重循序渐进，主要以"阅读小贴士"来呈现，让不同年级的学生都明确了解阅读的形式和要求。熟悉"快乐读书吧"的这些编排逻辑，也能对统编语文教材有更加深入的理解，准确把握教材的编写意图，抓住教材编写的着力点，利用好这座拓展课外阅读的"桥梁"，对整个小学语文的阅读教学和学习来说都是十分关键的。

（三）精心设计活动，分步推动"快乐读书吧"阅读进程

"快乐读书吧"的教学，要凸显"快乐"，必须设计丰富多彩的教学活动，让学生在活动中感受阅读的乐趣，因此在教学设计上要体现趣味性。教师可以将整个阅读进程分为以下两部分：（1）预测导读，引发阅读期待。导读，最重要的目标是引起学生的阅读期待，让学生对推荐书目产生浓厚的阅读兴趣。教师也要在导读前认真读书，制订符合学生年龄特点的阅读计划。以四年级上册"快乐读书吧"读神话故事为例，拿到《中国神话故事》这本书，教师引导学生从封面、前言、作者简介、目录等初步了解这本书的基本信息，并试着猜猜书里的内容："故事中的神话人物与本单元出现的神话人物有什么联系？你知道这本书都有哪些神话故事？这些神话故事又有哪些神奇的地方？"以已知的故事引导阅读未知的故事，由点到面，引领学生进行整本书阅读。（2）精彩共读，设计形式多样的阅读方法。在整个阅读的推进中，教师要以正面激励为主，并设计形式多样、有趣的阅读指导方法，激发学生的阅读兴趣，使其真正爱上阅读。教师可以运用以下几个阅读指导方法——

朗读法。朗读是读者和作者之间情感交流的媒介，是培养学生语感和审美的重要途径，是让学生喜欢上阅读的重要方式，它能让阅读真正活

起来。在课堂上，可以选取一些趣味性、经典性的片段进行朗读，调动起学生的情感，让学生走进精彩的故事情节。例如二年级"快乐读书吧"推荐的《神笔马良》，我们可以选马良借用神笔智斗地主的片段一起来读一读，这样故事中的精彩情节、人物的鲜明特征会呈现在学生眼前，并吸引着他们去主动阅读，共同感受。除了在课堂上朗读，还可以将朗读推向课外，家庭亲子朗读就是不错的课后延伸。温儒敏教授就指出，学生读书兴趣的培养不能光靠学校，家庭也很重要。

表演法。受年龄、心理特征影响，小学生都喜欢带有表演性的活动，这使他们有参与感，并从中获得快乐，而快乐是激发阅读的前提。"快乐读书吧"中推荐的书目大都以故事为主，情节曲折有趣，人物性格鲜玥，丰富的语言、动作、神态等描写，很适合学生表演创作。比如四年级上册《中国神话故事》中共工触山这个激烈的片段，教师可以鼓励学生在班级分组，表演出火神祝融和水神共工交战的激烈画面，在活跃的情境表演中进一步激发学生对这本书的阅读兴趣，同时深化对这本书的深度阅读和理解。

图表法。图画、表格简洁明了，使人一目了然，也是非常直观的一种表达方式。在阅读整本书之前，教师可以设计阅读单，从封面、书名、作者、目录、故事人物、封底等引导学生根据阅读单梳理文本，有效提取关键信息，达到整体把握文本主要内容的目的。在阅读过程中，教师还可以引导学生设计思维导图，让学生将目光集中在文本的主要内容上。列如，在阅读《七色花》的时候，教师引导学生将珍妮的每个愿望写出来，进行比较，感受她的愿望在变化，体会她每次实现愿望的心情。在阅读《中国神话故事》刑天断首这个片段时，教师还可以鼓励学生发挥自己丰富的想象力，将这神奇的画面通过自己的笔大胆画一画，将自己阅读的文字内化成图画表现出来，培养学生的理解能力和想象能力。

交流法。阅读虽然是一个内化的过程，但是教师应该提供学生交流的平台，让学生将阅读感悟外化，这样有利于学生深化阅读，获得属于自己的认知，在交流的过程中，也能促进其思维的发展。交流的方式有多种，如班级读书交流会、读书笔记展示、读书小报展评活动等。

当然，阅读方法不仅限于以上几种，不同的书目、不同的年级，可以用多种形式来促进阅读，推动阅读的开展。在实际的阅读指导中，教师可以一边探索一边尝试。

（四）拓展延伸，培养阅读习惯

"快乐读书吧"栏目的设置，不是让学生仅仅阅读推荐的这几本书，而是让学生在提高阅读兴趣、获得阅读快乐的同时养成良好的阅读习惯。教师要抓住课堂阅读激情，跟进"后阅读"活动，在学生阅读完"快乐读书吧"推荐的图书后，依托相同的文体或相同的主题，进行拓展性阅读分享。如读完《安徒生童话》，再读读《格林童话》，读完《中国古代寓言故事》，再读读《伊索寓言》《克雷洛夫寓言》等不同寓言故事，这样在以点带面的阅读过程中播撒文学的种子，培养良好的阅读习惯。

综上所述，作为一个全新的栏目，"快乐读书吧"是开启课外阅读的大门，对激发学生课外阅读的兴趣、培育学生的读书习惯，有着至关重要的作用。作为语文教师，我们要深入理解统编语文教材的思路，抓住契机，通过科学有效的指导方法，让学生在阅读中获得快乐，养成终身阅读的好习惯，从而拥有一个丰富充盈的精神世界。

第九章　整本书阅读中的批注阅读

一、基础性批注，初步感知整本书

基础性批注，是对作品中基础性知识的圈点勾画、笔墨追录，其目标应该指向对作品内容的初步认识、整体感知。

（一）知识性批注

所谓知识性批注，其实就是在初读整本书时作的一些注释。即在阅读作品时，遇到不认识或不理解的字、词，或者新接触的名词、概念，借助工具书，来获得解释，并把查询的结果写在书页相应的空白处。知识性批注，既能帮助学生理解作品，又有利于学生记忆，也为学生初步认识作品、理解作品清扫了障碍。需要强调的是，整本书阅读与单篇阅读、与课内精读课文的阅读是有区别的，并不是所有的阅读障碍都要清扫，都要进行批注，只要不影响继续阅读或整篇理解，允许对一些障碍"不求甚解"，以确保感知作品的流畅度和整体性。

（二）积累性批注

所谓积累性批注，其实就是阅读过程中及时圈画好词佳句、名言警句等。积累性批注十分简单，也十分随性，即时圈画即可，但对丰富学生语言积淀、提升学生语用能力起着积极的作用。需要强调的是，积累性批注是值得回看的，只有反复咀嚼，才能聚沙成塔，让阅读成为为我所用的看得见的"真阅读"。

（三）提要式批注

所谓提要式批注，就是我们平时所说的内容概要、情节概括，特别是针对情节相对独立的故事集、小说集或者章回体小说等，读完某个部分或者某个章节后，尝试用简洁的语句来概括作品梗概。这既有利于学生整体感知作品内容，同时也提升了学生提取信息、统整信息的阅读能力，学生复习回看时，也可一目了然。

基础性批注是一种原生态批注，这些批注简单、随性，以圈画、注释、提要为主，旨在让学生更好地走进作品，初步理解作品，是学生初读整本书时留下的"真阅读"。

二、细节化批注，多元赏析整本书

德国哲学家恩斯特·卡西尔在《人论》一书中论及人格养成时提出，从某种意义上来说，人不是在和事物打交道，而是在不断地与自己交流。他将自身深深置于语言形式之中、艺术形象之中、神话象征或宗教仪式之中……因此，在整本书阅读中，如能批文入情，让学生与作品近距离对话，亲近、感悟作品，抓住作品的细节处，形成多元赏析性批注，定能促使学生进一步理解作品，发展思维，陶冶性情，提升能力。

（一）批在欣赏处

优秀的整本书总有值得欣赏借鉴之处，或是精妙的语言文字，或是丰满立体的人物形象，或是意蕴深远的作品主旨……因此，阅读过程中，教师要努力引导学生在这些细节处细细品读，慢慢咀嚼。比如，在阅读曹文轩的唯美小说《草房子》的时候，学生读到对杜小康和秃鹤这两个人物的刻画时就留下了带有学生阅读体验的思维导图式批注：图中对作品欣赏处的批注，不但关注了作品内容，也涉及了作品的语言表达形式，既批注出写了什么，更赏析出了怎么写的。这样的赏析批注，能够引领学生走进作品提供的语言文字形式之中，与作品产生共鸣，与作者产生共鸣，在赏析批注中衍生对语言文字的涵泳品位，唤醒学生内心深处的认知和体验，从而提高学生对整本书的欣赏能力。

（二）批在疑惑处

明朝的大学问家陈献章说："前辈学贵有疑，小疑则小进，大疑则大进。疑者，觉悟之机也，一番觉悟，一番长进。"在阅读整本书时，读者如果能够在与作品的对话中产生疑问，再带着疑问继续阅读，必定会有一番觉悟和长进。这样的阅读也是看得见的"真阅读"。

1.于题目处质疑

题目是文学作品的文眼，有时可以点明作品主要内容，有时可以揭示行文主要线索，有时还可以点明作品的主旨，学会质疑题目，进行批注，会有许多意想不到的收获。读到罗德尔·达尔的奇幻故事《了不起的狐狸爸爸》时，有的学生会批注：狐狸都是阴险、狡猾的，他有什么了不起的地方呢？读沈石溪的动物小说《狼王梦》时，有的学生会批注：狼王是谁，他有什么样的梦想呢？试想，在阅读整本书时，学生如能经常于看似无疑处质疑，于题目处质疑，带着问题走进作品，定能更深入地阅读整本书。

2.于矛盾处质疑

整本书是一个连贯、完整的体系，前后关联性强，对人物的认识、主题的探究都是逐步深入的，有时作品中还会出现矛盾冲突。但往往这些看似不合理的矛盾冲突，却是作者的匠心之处。在矛盾处质疑，能够促使学生在后续阅读和进阶阅读中对作品进行深度解读。如在读沈石溪的《狼王梦》时，母狼紫岚的种种行为着实让人困惑：她冒着生命危险保护腹中孩子，可后来却吃下了自己死去的第五个孩子；她通过黄狴之事教训孩子蓝魂儿，让其知道生存之道，为何又放任黑仔提前走出洞穴捕食？学生如能在这些矛盾处进行批注，并在后续的阅读中寻求答案，那他们对紫岚这个角色的认识会逐渐丰满，对紫岚心中的狼王梦的理解也会更深刻。

3.于空白处质疑

好的文学作品，总会有适当的留白，从而给读者以更大的联想与想象的空间，给读者质疑和二次创作的机会。于空白处质疑，能够激活学生的想象力，促使他们创造性地解读作品，实现深度阅读的目标，这既是读懂作者的过程，更是升华读者自己的过程。比如《红楼梦》中，黛玉红消香断时的那句"宝玉，你好……"便给读者留下了无限想象空间。不妨让学生在此空白处质疑，黛玉这一句不尽之言究竟会是什么，并让学生试着去补充留白。相信学生在这质疑、补白中定能对《红楼梦》中人物的解读揣想深悟。

当然，在有疑惑处质疑，并不是简单地提出问题，它必须是学生与文本对话、深入思考后提出的与作品相关且具有探究价值的问题。只有在这样的疑惑处质疑，并带着疑惑继续阅读，才能厘清作品的重难点，才能看清作品文字背后埋藏的表达艺术，从而感受整本书阅读的乐趣。

（三）批在启发处

当下，整本书阅读的价值取向，并不仅仅体现在对语文知识的理解和掌握方面，更重要的体现在提升学生的认知能力，改变学生的观点态度，促进学生的思想发育，逐步形成正确的人生观和价值观方面。因此，阅读整本书时，教师要积极引导学生在人文情怀浓厚之处、文本事理凸显之处，即对自己的精神成长有启迪之处作批注。比如阅读《草房子》时，不妨打乱小说顺序，将《红门》（一）（二）连起来阅读，并引导学生就杜小康面对家庭巨大的变故还能坚忍、高傲地生存这个话题进行批注，相信学生对"逆境成长"这一哲理的理解会更深刻，从而获得启迪，促进自身精神的成长。

三、专题式批注，深度评鉴整本书

以上提及的知识性批注、细节化批注，都是相对零散的、断章式的批注，都停留在对整本书的细枝末节或者部分内容的理解、解读上。其实，对有一定阅读、赏析能力的中高年级学生来说，读完整本书，不妨再次回读整本书，在比较、统整中尝试一些专题性的批注。这样的批注必须建立在篇章阅读的基础上，是一种高度探知，具有整体性和思辨性，能促进学生宏观把握作品、深度解读作品。

（一）批注语言特色

阅读是为了写作，是为了帮助学生更好地习得语言、运用语言，整本书阅读自然更具备这样的功效。因为优秀的文学作品，其语言特点鲜明，表达技巧高超，读完之后，如能在反复对照中发现语言特色，品味其中真谛，让学生深度评鉴整本书，对教师指导学生迁移创作是一件十分有益的事情。比如，在读完马克·吐温的短篇小说集《百万英镑》后，一位教师就带领学生再次细细品味小说的语言，有学生这样批注："马克·吐温的语言十分幽默，他的幽默能引发人们的笑声，但又有些荒诞不经，有时还具有讽刺色彩，讽刺了当时社会上的一些不协调的现象。"你看，学生的批注很好地概括出了马克·吐温小说的语言风格——黑色幽默。长此以往，学生从整本书阅读中习得言语表达的精髓也就指日可待。

（二）批注主题特色

还是以《草房子》来说，书中的每个少年都在述说着成长的美丽，而且他们的成长因为"苦难"而更加美丽。阅读完整本书后，有位教师便引导学生就作品中主要人物的成长历程进行专题性批注，学生对文本的解读经历了从个体到整体、从单一到统整的过程，对作品中人物的认识也更全面，同时也能体悟出这本书的主题特色——成长的美丽。因此，在整本书阅读后期，如能抓住主题特色进行专题性的批注阅读，对感受作者传递的情感，感悟作品的主旨效果极佳。

总之，在整本书阅读过程中，针对不同的书目、不同的阅读时段，采用不同的方式进行批注阅读，不但能激发学生阅读的主动性，改变以往机械的阅读状态，还能让学生在此过程中提升思维品质，唤醒阅读体验，加深对作品的认识，提升阅读鉴赏力，让学生的整本书阅读成为"看得见"的"真阅读"。值得强调的是，小学阶段，为了使批注阅读的效果更加明显，我们不妨引导学生经常回看批注，在含英咀华中汲取精髓，鼓励学生之间交流批注，在讨论分享中升华认识，让批注成为一种常态的、学生喜爱的阅读策略。

第十章　小学语文整本书阅读教学评价

　　教学中的"评价"是一种动态的行为，是以教学目标为依据，按照一定的标准，运用有效的手段，对教学过程及结果进行测量，并给予价值判断的过程。评价是教学过程中不可缺少的组成部分，依托评价，可以较为准确地观察学生的学习行为，描述学习进展，记录学习中的表现并进行反思，发现学生的优点并帮助他们改正缺点，最终达到提升学生学习能力的目的。指向培养自主阅读者的整本书阅读，不仅要着力解决"读什么""怎么读"的问题，而且要深入思考"读到什么程度"和"读得怎么样"的问题。其中，"读得怎么样"和"读到什么程度"就是对学生整本书阅读的评价。整本书阅读评价，是诊断整本书阅读教学效果、判断学生阅读状态与阅读品质的重要途径，也是促进整本书阅读指导不断改进的有效手段之一。那么，指向培养自主阅读者的整本书阅读评价，将以何为依据？评价的基本要素什么？如何实施评价？本章将从评价原则、评价标准和评价方式三个角度来阐释我们的思考和实践成果。

第一节　评价原则

　　评价对学生整本书阅读的促进作用毋庸置疑。然而，在当前的整本书阅读实践中，由于对整本书阅读评价认识不足、重视不够，导致整本书阅读指导中出现了评价主体单一、评价策略不当、评价目标不明，甚至评价环节缺失等现象。这些现象的普遍存在，对学生整本书阅读的有效推进是极为不利的。结合实践考察，在深入开展整本书阅读相关研究、分析当下整本书阅读现状和困境的基础上，我们提出了儿童整本书阅读评价的四大原则。

一、主体性原则

主体性原则，就是在阅读评价的实施过程中，以学生为主体，鼓励学生积极介入其中，自主评价与反思。然而，在当前的阅读评价中，评价的主体与核心常常是教师。教师霸占着评价的话语权，制订评价标准，确定评价规则，记录评价结果，判断阅读效果……所有这些均由教师掌控，学生往往是阅读评价活动的被动参与者。因此，很多学生对阅读评价缺乏积极性，他们并不关心阅读评价的结果，更不会反思评价过程，以评价结果来促进自己的阅读。

基于以上现象，我们提出了主体性原则。美国作家艾伦·韦伯在《怎样评价学生才有效——促进学习的多元化评价策略》一书中指出，"如果给予学生更多的权利，他们将会成为自主的、独立的学习者"。整本书阅读评价也同样如此。我们认为评价的主体是学生，让学生自己介入到评价中很有必要。大量的整本书阅读实践也证明了这一点。多给学生一些权利，让他们自己决定"怎么读"和"如何观察自己阅读的效果"，会增强学生的阅读积极性。当学生成为整本书阅读评价活动的主动参与者时，他们会自觉回顾自己在阅读过程中的感悟与收获，发现自己在阅读过程中的进步与成长，同时他们也必然会觉察到自己在阅读中需要改进和完善的地方。因此在整本书阅读评价中，我们应充分尊重学生，把学生作为评价的主体，组织学生参与制订阅读评价标准，确立阅读评价规则，加强学生的自我评价和相互评价。只有把学生作为发展的主体予以尊重，学生才能欣然投入到每一次阅读旅程中，并通过阅读评价，获得前行的动力，明确前进的方向，产生持续阅读的热情。

二、协同性原则

"评价"一词来自拉丁文"assidere"，意思是"旁边就座"。评价，需要学生、家长和教师一起"就座"，相互协作。整本书阅读评价尤其需要家长、教师、社区和有关专家的多边参与，从多种渠道、多个维度来评估学生在阅读中的收获与进步，这就是协同性原则。家长、教师、专家和学生之间多方协作、共同评价，能够让学生体验到阅读的乐趣，帮助他们解决有价值的问题。其中，学生之间的协作评价为学生在整本书阅读中创造了互动、合作、共享的机会，使他们在群体中反思自我的同时展现个人的独特感悟，使每一名学生成为阅读评价的积极参与者。家长参与到阅读评价之中，并与教师、学生形成紧密的合作关系，将会提高学生阅读的自我效能感，使他们对能更好地完成阅读任务充满信心。协同合作、多方参与的评价原则，不但可以使学生获得信心、赢得勇气，而且激发了学生持续阅读的动力。

三、适切性原则

整本书阅读评价的适切性，体现在用适切的方式评测学生的阅读情况。

在当下的整本书阅读评价中，很多学校、教师习惯用纸笔测试的传统评价方式来测查学生的整本书阅读情况。他们认为，标准化考试可以打造准确探测学生能力、激励学生提高学习成绩、促进学生智能发展的"神话"。因此，他们把检测学生的阅读面和阅读量作为整本书阅读的价值追求，用考量学生知识记忆能力的方式来机械地探测学生的阅读情况。这种评价方式挫伤了学生对整本书阅读的积极性和主动性：在整本书阅读标准化考试中，教师会为了分数而将有关阅读知识灌输给学生，学生只是被动地接受教师灌输的知识，如此阅读教学，师生双方以互动、对话为主要形式的学习方式就不可能发生，整本书教学将无法达成教师、学生、文本三者之间的有效对话，学生将无法真正理解作品的内涵。此外，用同一张试卷考查不同区域、不同学校、处于不同家庭背景中的学生，评价方式的使用与学生的年龄阶段、个性特点不符合，也造成了评价的不当、层级的混乱。

著名教育心理学家、"多元智能之父"加德纳认为，对孩子进行多种能力的评价才更为有效。近年来，专家学者们呼吁改进标准化考试评价方式，要求拓展评价的形式，使用新的评价方式，为促进学生阅读能力的发展打开崭新的天地。由此我们项目组认为，整本书阅读评价也应注重多种能力的反馈与表现，测查学生的整本书阅读情况，配合使用学生喜欢的、能促进学生能力发展的适切的阅读评价方式，如建立阅读成长档案袋、使用"阅读小站"、开展阅读分享与表达、建立指向学生"生长"的阅读力测试框架，来探查学生的知识应用能力、综合分析能力、组织策划能力、阅读品悟能力，了解学生真实的阅读状态和阅读品质。

四、真实性原则

好的评价应该是与儿童真实生活紧密相关、富有意义的。正如霍华德·加德纳所说，除非把评价放在真实的领域和社会环境中，否则我们就会质疑评价是否能够准确地体现人类的智能表现。真实性原则下的评价，首先注重创设相对真实的语境，提供给学生自由表达的空间，给学生真实的角色感、真实的代入感；其次注重解决现实生活中的问题，鼓励学生不拘一格的表达方式，包容学生的多元理解，在特定的场域和情境中，甚至对学生冲突性的解答也会予以褒奖和激励。因此，真实性原则指导下的评价具有情境性、开放性、包容性和激励性，特别适用于书目繁多、文体多样、内容丰富的整本书阅读评价，因为整本书中人物形象多面、情节多层、细节丰富、信息交错，它给学生带来的阅读体验也是全方位的。在交流阅读感悟时，学生需要在纵深广博的信息中突破常规，进行富有创意的表达。

在整本书阅读中采用真实性评价，可以把学生的阅读所获与真实的生活联结起来，从而进一步丰富、巩固阅读的体验与感受；所读内容与学生的生活世界、经验世界相链接，可以帮助学生通过阅读评价，进一步理解世界、开阔视野，从而产生进一步探求世界、探索自然的愿望；多元、包容、激励性的评价方式，充分反映了学生的天赋和能力，同时使学生的批判性思维得到激发，形成高阶思维能力，这将成为促进学生持续阅读、主动阅读、终身阅读的无限动力。

第二节　整本书阅读教学的总体评价

朱自清先生曾说，教育家的"存心"应当是为满足学生利益需求而"考查"，即教师应将学生置于工作的中心，将教育理念转化为指导学生能力发展的实践；对学生的整本书阅读状况展开客观、合理、有效的考查评价，包括对学生阅读的作品进行质性评价，对学生的阅读量进行量化评价，多维度增强学生的阅读信心。

一、对阅读结果的评价

（一）考查阅读速度

在指导学生阅读时，教师要注重考查学生的阅读速度。若学生无法在规定时间内完成既定的阅读量，教师须分析原因，是缺乏阅读兴趣，还是阅读速度过于缓慢。倘若是因为学生不具备阅读兴趣，则展开阶段性讨论，重新选择符合学生身心发展特点、学生阅读诉求的图书；若是因为学生阅读速度慢，则重新调整阅读量与阅读时长。明确阅读时间，要求学生按时完成阅读，能有效防止学生分散阅读注意力，督促学生提高阅读速度。此外，教师要指导低年级学生学会不指读，以加快阅读速度。

（二）通过讨论评价阅读深度

指导学生阅读前，必须先确定阅读目标。阅读完成，组织学生展开讨论，检测学生是否达成阅读目标。倘若学生未达成阅读目标，则分析学生的阅读困境，根据学生实际提出可行性修正建议，为学生下一阶段的阅读训练提供实效性指导。

（三）查阅资料，了解实况

低年级学生将阅读完成的作品制作成简单有趣的读书卡，或将个人阅读所得转化为可视化图画。中高年级学生将语句摘录、个人阅读感受汇编成读书笔记。若是自有书本，还可在书本的相应处作批注。高年级学生还可针对书本的某个章节、某个人物撰写个人心得。不管是何种阅读形式，都应如实展现真实阅读感受。纯粹为应付教师要求而进行的阅读记录，不但无法强化学生的阅读兴趣，还会降低学生的阅读能动性。

教师应指导学生自制阅读笔记，鼓励学生培养做笔记的习惯。首先，向学生说明做笔记的意义。笔记并非必须上交的"赋税"，而是记录个人真实读书状况的方式。在做笔记时，要注重摘抄好词好句，批注临时片段的阅读感受，比较相关材料。这些笔记，对学生未来解释、品鉴其他文本作品具有一定的帮助，也有利于学生在休闲时间快速回顾所阅读的图书。做笔记的终极目的不是应付教师，提高学业成绩，而是让学生学会读书，打心底热爱读书。对教师而言，阅读笔记是教师在学生完成阶段性阅读、完整性阅读后，对学生阅读能力、阅读质量进行评价的依据，是教师开展班级讨论、把握班级阅读状况的依据，也是教师考查学生理解图书内容、价值内涵的依据。除去读书笔记，图书推荐卡、主题手抄报都是评价学生阅读状况的方式。

二、对阅读指导过程的评价

整本书阅读的基础是师生自主阅读，主要交流形式是班级讨论，指导依据是教师评价，目的是丰富学生的语言与文化认知。教材的学习能让学生循序渐进地收获语文学习经验，深入了解"语用"特点。整本书阅读则能让学生逐步理解"语用"规律，正确认知作品所述对象与形象，并从中获得榜样力量。那如何进行整本书阅读交流呢？

（一）提升阅读高度

阅读高度并非指了解复杂而深刻的道理，而是获得超越既有认知的体验，是以文本阅读为基础的新体验。学生性格不尽相同，生活经历有所不同，看待作品的视角选择也会不同。指导学生相互交流时，要引导学生关注细节，认真观察作品细微处，鼓励学生积极讨论或者展开辩论，循序渐进地提高学生的文学认知，理解文学纯真、稚拙、朴素的特质；指导学生重读细节，细品语言，感受形象，体会情感，一步步感受文学的美，提升学生的阅读高度。

（二）拓展阅读空间

学生喜欢某本书时，必然会反复阅读。教师开展阅读指导，旨在让学生喜欢上阅读，积极参与读书交流。参与读书交流，不仅能让学生关注到重点细节，还能让学生强化阅读兴趣。例如阅读完成《草房子》时，提出下列问题：为何"艾地""药寮"这两个章节以句号结尾，其他章节均以省略号结尾？回顾作品内容，可知"艾地"的结尾是秦大奶奶离世，"药寮"的结尾是桑桑病愈，完全无须再展开想象。其他章节以省略号结尾，给予读者无限想象空间，使读者可根据作品情节发展、人物形象塑造续编故事。这种设计，有利于提高阅读的开放度与深度。

拓展阅读空间，根据学生兴趣推荐同一作者原创的其他作品，或者其他作者创作的同类作品，延伸学生的阅读热情。例如，阅读完成《长袜子皮皮》这一作品后，向学生推荐林格伦原创的《小飞人卡尔松》，或者巴里原创的同类书《彼得潘》，让学生得以比较分析皮皮、卡尔松、彼得潘三个人物的异同点，感受人物塑造的方式。作品阅读完成，进一步组织讨论，引导学生将不同人物联系起来，清楚地了解人物的相同点与相异点。

交流分享阅读成果后，学生会更深入地理解作品内涵，并更愿意品读作品，甚至主动寻找同类书，与其他同学或家人一起阅读。参与课下交流活动时，学生的积极性也会更高。由此，阅读指导目标就得以实现，学生阅读兴趣明显提升，可持续阅读的积极性显著增强。

（三）体验阅读的乐趣

阅读乐趣是学生坚持阅读的关键。指导学生阅读时，让学生获得快乐阅读的良好体验，才能激励学生坚持阅读，逐步形成终身阅读的习惯。例如，组织四年级学生讨论交流《长袜子皮皮》时，利用多媒体展示皮皮图片，让学生回归书本寻找描写皮皮外貌特征的语句，再展示皮皮打扫房间、烙饼、举鲨鱼等图片，邀请学生畅谈皮皮形象。出示图片，引导回忆，温顾阅读内容，带动学生想象，赋予学生新奇的阅读感受，能有效增强学生的阅读乐趣。

阅读乐趣体验多种多样，或是快乐体验，或是紧张体验，或是冒险体验……这些体验或来自作品内的插图，或来自作品的文字描述，或来自作品的故事情节与细节。教师在指导学生阅读时，应从文本内容出发，采用丰富多样的方式激发学生的阅读乐趣。例如在《蓝色的海豚岛》中，主人公和野狗相互较量、主人公独自乘坐独木舟下海、主人公和章鱼作战，都能赋予学生一定的紧张体验。

交流活动也能激发学生的阅读乐趣。教师主导开展阅读交流活动，有利于丰富学生的阅读体验，使学生产生阅读乐趣。如阅读《小淘气尼古拉》后，教师可以鼓励学生将故事情节转化为漫画，形成系列性的《我的淘气史》，使学生通过阅读、想象、绘画获得愉悦的阅读体验。阅读《长袜子皮皮》后，教师可以组织学生分享阅读内容，讨论个人阅读感受，按顺序逐一展示小猴子尼尔松的图片，以"图画书"的形式引导学生展开想象或重新编排故事，使学生意识到尼尔松这一形象的作用，产生反复阅读的乐趣。

总之，教师应注重整本书阅读评价，对整本书阅读进行评价，须设置相对宽松的评价指标，给出的评价结果也理应相对宽松，可在静态评价基础上进行动态评价。所谓动态评价，即走进课堂，跟踪学生的阅读；查看学生的阅读速度、阅读量等是否达标；明确学生是否自觉进行阅读；了解学生阅读书本后有无生成自身独立的见解；观察学生的阅读表现并分析其阅读能力。静态评价表现为翻阅学生读书笔记、了解学生阅读整本书后的思想成果。

第三节　整本书阅读教学的具体评价方式

整本书阅读的评价方式应多元化，但目前大多数教师依然偏好使用传统标准化测试方式开展阅读评价。从既有实践来看，只采用标准化测试方式进行评价，不仅难以全面测查和了解学生现阶段的阅读能力，也无法辨别学生阅读水平是否提升。同时，这种评价方式无法督促学生充分释放阅读主体性，也无法为教师、家长参与指导学生的整本书阅读改进提供支持。因为标准化测试实行单向考查，主要是教师对学生进行考查。考查时，多对学生的阅读认知能力进行单向评测，不关注学生的阅读能力、性格特征、阅读诉求等个性化差异。考查结果表现为具体的分数，而非学生整本书阅读素养的整体提升状况。因此，应用传统标准化测试方式评价学生整本书阅读情况时，无法有效地反映学生的阅读方法掌握情况、阅读兴趣强化情况、阅读质量、阅读综合素养提升水平，也无法明确学生是否从整本书阅读中感受到了阅读的乐趣。久而久之，学生的阅读主动性、积极性会被挫伤，学生的阅读素养或将不升反降。

采用怎样的评价方式，才能破解小学整本书阅读评价的难题、实现评价的效用与价值呢？在"指向培养自主阅读者"的评价体系中，我们在深刻理解学生阅读、深入解读评价原则、反复研磨评价标准的基础上，着眼学生整本书阅读全过程，以学生为本位，形成了"伴随式"阅读评价、"情境化"阅读测评、"生长性"阅读检测三种类型的评价方式，分别指向"过程与终端相融合""情境与测评相辉映""线上与线下相结合"的评价特色。我们努力以统整化的思路、情境化的实践展开整本书阅读评价，让学生在评价活动中自省自悟、调控反思，提升阅读素养，展示"真我的风采"。

一、"伴随式"阅读评价：过程与终端相融合

在培养自主阅读者整本书阅读评价实践中，语文教师对"伴随式"评价方式进行了思考和尝试，现介绍"伴随式"评价中两种最常使用的评价载体。

阅读，犹如一场历经繁华胜景的旅行，它本身就具备足够的魅力，吸引读者循着书香，一路向前。而要让学生成为自主阅读者，应构建"创意阅读"评价平台，这一平台可以通过大量富有创意的阅读活动来实施阅读评价，使阅读评价过程成为富有创造意义的活动过程。我们把这种"创意阅读"评价平台统称为"阅读小站"，它们就像散落在阅读旅途中的一个

个小小的驿站，让学生的心灵得到激励，让学生的双眼受到浸染，让学生的天性得以迸发，让学生的精神得到给养，从而使他们更为兴致盎然地投入到下一段阅读之旅中。我们的"阅读小站"，承载着读前诊断、读中反馈、读后分享的重任，拥有生动活泼的评价形式、趣味盎然的活动名称、开放自主的评价空间。现撷取阅读小站的几种精彩"掠影"，予以说明介绍。

1.读前诊断：阅读热热身

在阅读整本书之前，教师有必要通过检查、调查等手段，了解学生的阅读起点，对学生的阅读情况进行研判，从而准确地确定整本书阅读的发力点，有效开展后续的阅读指导活动。我们给这一读前诊断的过程冠以"阅读热热身"的名称。

"阅读热热身"可以了解学生对整本书封面信息的捕捉和提取能力。阅读童话故事《孤独的小螃蟹》时，教师可以让学生读一读书的封面，找一找关于书名、作者的相关信息，填进小螃蟹的大钳子里（提前设计好的思维导图）。"阅读热热身"可以检查学生对书中人物的认识和了解情况。在阅读《美洲印第安神话故事》时，教师可以启发学生探究这本书里男女主人公的名字中藏着的秘密，并引导学生列出几个自己喜爱的神话人物名字，从中展开探究、有所发现。"阅读热热身"还可以评价学生对作者的关注和探索程度。在阅读苏联作家米·伊林所著的科普读物《十万个为什么》时，教师可以通过一张随读卡，引导学生探索和研究科普作家米·伊林。

除此以外，"阅读热热身"还可以是对与作品相关的常识的探测、对类似风格作品的理解的检测，当然也可以是对学生个性化的阅读兴趣、阅读障碍的了解。通过创造性地设计"阅读热热身"读前诊断活动，结合检测、调查等手段，教师可以了解学生对所读图书的原有认知情况，掌握学生阅读前的学情，以此确定整本书阅读指导的重点和难点。这对教师把握学生的阅读节奏、引导学生的阅读习惯、疏通学生的阅读障碍都是极有帮助的。

2.读中反馈：创意"阅读小站"

整本书阅读是一个动态的、不断生成的过程，在这一过程中，教师需要通过观察、调查、检测等手段及时了解学生所需，进而对阅读的策略、探究的主题、讨论的话题等进行相应的调整与改进，如此方能确保教学与评价的一致性，并促使学生不断向着成为一名自主阅读者的方向大踏步前行。创意"阅读小站"，是在整本书阅读过程中，寓"任务驱动、策略指导、即时评价"于一体的"伴随式"评价载体，它可以帮助学生对自己的整本书阅读情况定期作出评判。这就便于学生将"预期目标"和"已达成的目标"进行对比，发现阅读过程中存在的问题和障碍，从而及时调整自己的阅读状态。

恰当地使用"阅读小站"，可以激发学生的阅读动机，帮助学生获得阅读的成就感，保持阅读的持续动力，养成阅读的习惯，形成自主阅读的能力。

（1）阅读小站一："情节链""朋友圈"。小学生阅读的书有很多都是故事性较强的文学作品。对一个故事而言，充满生命力的人物、充满张力的情节无疑具有让读者不停翻页阅读的力量。在我们项目组教师设计的"阅读小站"中，很多"站点"都聚焦到了故事的情节、人物等要素的反馈和探究上，形成了生动有趣的"情节链"、缤纷多彩的"朋友圈"。在阅读童话故事《一只想飞的猫》时，项目组有位老师出示了画有一节节车厢的图片，每节车厢上都呈现了一个神奇的"猫事件"。她让学生读一读车厢上的这些"猫事件"，再按照事情发生的先后顺序给这些"猫事件"排排序，如此便形成了一列专属于《一只想飞的猫》的"故事火车"，以此评价学生对整本书故事的了解程度。阅读《安徒生童话》时，项目组老师用示意图帮助学生梳理情节，让学生填一填，为书中的《亚麻》这个故事描绘人生之旅，据此评价学生有没有从整体上感知故事，读懂故事的内容。

阅读童话故事《稻草人》时，项目组另一位老师带领学生玩转"人物大转盘"，帮助学生梳理故事中的主人公在追寻梦想的过程中所遇到的形形色色的人物，厘清人物之间的关系，明确人物之间发生的故事，根据学生的完成情况，对学生有没有读进去、是否了解故事的梗概作出评价。

阅读古典名著《水浒传》时，教师通过思维导图，让学生给书中的人物绰号分类，并填一填分类的依据。通过分类、填写，学生会发现，这些绰号有的反映体貌，有的体现职业，有的标明特长，有的则表现了作者对其的直接赞扬……它们既形象生动，又艺术贴切，还照应情节与人物的对应关系，可谓精彩绝伦。在学生分类填写、表述原因的过程中，教师关注学生的完成情况，并在课后对学生的分类和填写情况进行归纳整理，及时评价学生在阅读时是否读出了文字背后的意义，具备了一定的推论判断、形成解释的能力。

在经历上述阅读反馈与评价的过程中，学生的思维始终处于活跃状态，为了给这些"阅读小站"串联"情节链"、梳理"朋友圈"，他们需要整合信息、提取信息、整体感知、筛选比较、甄别判断，在这一连串思维跃动的过程中，他们了解了人物的个性特征及身份背景，挖掘了人物背后的经历与故事，进而使"人物"与充满激情的"情节"联系起来，使故事中的"人物"与"情节"这两大要素无缝衔接起来，从而较为完整地把握了故事脉络，继而充满热情地投入到故事的深入阅读之中。

（2）阅读小站二："打开话匣子"。艾登·钱伯斯在《说来听听：儿童、阅读与讨论》一书中指出："从阅读理论和读者反应的角度来看，研究越深入，我们越发相信讨论在阅读过程中确实扮演着核心角色。不论是对一位最成熟的读者，还是对一个刚开始学习阅读的孩子，讨论的重要性都不容忽视。"在阅读评价的过程中，讨论的重要性也同样不容忽视。在阅读反馈中相互交流经验、分享读书的热情与困惑，可以开启封闭的心灵，让"陷入死胡同的单向思维起死回生，并且走向丰富多元的文学世界"。在我们项目组的研究与实践中，这种促使学生深入阅读、与书交心，进而保持开放心灵的有效评价工具，就是"阅读小站"中的"打开话匣子"栏目。

阅读《希腊神话》时，项目组老师让学生在通过示意图厘清诸神之间关系的基础上"打开话匣子"，说说自己最喜欢的神是谁，最不喜欢的神又是谁，并到书中去寻找支持自己观点的理由。学生通过自主阅读、同伴交流，发现书中可提供理由的描写有的是关于人物外貌的，有的是关于人物本领的，有的是关于人物经历的，还有的是关于人物品格的……有了"打开话匣子"平台的帮助，学生可以发现希腊诸神的一些共性，比如男神大多高大英俊，女神大多美丽动人，同时也发现《希腊神话》中的"神"也具有"人"的弱点。由此看来，"打开话匣子"这一平台的呈现，既是阅读交流的重要话题，更是学生阅读的评价依据。它使学生在阅读进程中经历了"思—研—探"的进阶式阅读实践历程，在这一历程中，学生的思维得以生长，阅读能力得以提升；在热烈淋漓的交流与讨论中，教师即时组织学生翻阅书本，对照研判观点的可信度，并据此进行自我评价、同伴互评，这种对阅读的实践效果给予即时评价的方式，大大地提高了阅读成效，推动了阅读进程。

（3）阅读小站三："秘妙"我心知。歌德曾说过，内容人人看得见，含义只有有心人得之，形式对大多数人是一秘密。因此，进入高阶状态的整本书阅读应该关注表达的形式、创作的智慧。为了推动学生的思维在整本书阅读中不断向纵深行进，并能思考、理解、内化作者创作的智慧，我们在设置"阅读小站"时，特别注重创设那些指向书本言语智慧、表达艺术的评价栏目，以助推学生在阅读中拾级而上、沿波讨源，快速接受作家给予读者的创作智慧。

有位老师在指导学生阅读《红楼梦》时，特设"红楼文化探究营"，通过趣味考题"'甄士隐''贾雨村'是《红楼梦》中的两个人名，有什么特殊含义吗（甄士隐——真事隐去；贾雨村——假语村言）？"揭开"红楼探秘"的帷幕，继而引导学生在"关于《红楼梦》中汉字谐音的研究报告"和"关于《红楼梦》中大观园匾额题名的研究报告"中选择一个主题开展研究，研究谐音的同学搜集整理谐音人名、谐音故事，研究匾额题名的同学搜集整理匾额的题名及题名的理由，通过通读故事、研究比对，得出相应的结论。学生探究后组织全班交流，从资料的搜集整理、研究结论的思维深度、小组合作的协同程度等不同维度，对学生的探究活动予以评价。

开展这一主题探究，学生需要在《红楼梦》整部名著的文字间穿梭行走，进而聚焦相关信息，将信息予以粘连重组，并且通过和同伴的相互交流、相互评议，获得新的认知。在这样的主题式探究和评价过程中，学生捕捉到了《红楼梦》这部文学巨著的语言表达密码，发现了许多奥秘：原来书中的很多人和事是用谐音来表示的，谐音的使用一语双关，暗示了情节发展的走向，隐喻了人物的命运和未来；大观园中众多匾额的题名皆应时应景，与众馆阁周围的环境、馆阁内的布置互相呼应、相映成趣，读到这些匾额的题名，人们就在脑海中构想出此处独特的景观与氛围……这样的评价过程，不仅使学生真切感受到《红楼梦》中语言的隐喻美和含蓄美，以及大观园中的地名带给人们的强烈的画面感，也使学生产生了"其他中国古典文学名著是不是也有这样的表达特色"的探究欲望，循着在评价活动中产生的探究心理继续开展延展式阅读，可以发现中国古典文学名著特有的文学表现手法和独有的文学表现样式。这一过程不仅满足了学生的探究愿望，加深了他们对中国古典文学的认识和了解，也让我们看到了学生在探究活动中思维的发展，智慧的生长。

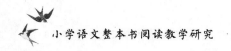

3.读后反思："阅读大派对"

随着阅读评价的推进，学生的阅读感受越来越丰富，阅读体验越来越深刻，此时需要通过一定的评价形式来回望、反思阅读过程，让评价伴随学生经历整本书阅读的完整过程。此时的评价，更具有整体性、综合性，它可以促使学生对整本书阅读过程进行自我觉察、自我反思，并利用评价实施的结果对整本书阅读情况进行调控和"补救"，使学生的阅读素养在评价中得以提升和完善。

我们在研究与实践中，是通过"阅读大派对"这一栏目，对学生的阅读进程进行回望和反思的。"阅读大派对"主要由与学生所读内容密切相关的"连线选择题"和"读写联动题"两部分构成。"连线选择题"多考查学生掌握了书中的哪些知识，主要检测学生有没有认真阅读这本书，有没有掌握这本书的主要内容；"读写联动题"则考查学生能否抓住书中的关键要素，进行分析、整合及表达，它不仅可以更大程度地激发学生阅读与表达的兴趣，还可以考量学生用富有创意的形式表达阅读成果的能力。如《列那狐的故事》最后，列那"去世"了。在学生读完这个欧洲民间故事后，教师设计了读写联动题"墓志铭我来写"，让学生在列那的"孩子""妻子""朋友"三种角色中选择一个，在墓碑上写几句铭文。再如读完中国古典文学名著《水浒传》后，设置以"醍醐灌顶写感慨"为主题的读写联动题，引导学生再来关注书中的"大反派"——高俅，高俅的职位——殿帅府太尉执事，相当于现在的国防部部长，要求学生结合书中对高俅的描写，写出对这样一个人当上"国防部部长"所引发的感慨……这些读写联动题，充满了创意，饱含着思维容量，它们可以帮助学生在尽情倾吐、表达的同时审视、反思自己的阅读所得，激发学生对整本书再次回读、细读；学生完成这些读写联动题，就好似经历一次次阅读挑战和闯关，是一个需要调动自己大量智慧的"烧脑"过程。"阅读大派对"以开放式评价的形式引导学生内省和反思，引领学生走向语言的发展、思维的提升、精神的充实、心灵的成长。

创意"阅读小站"，把富有乐趣、充满挑战的阅读评价巧妙融入丰富多彩的阅读活动之中，通过一个个创意场景的创设，给了学生开放自主的阅读空间，助力学生展现个性化的阅读成果，卓有成效地检验学生整本书阅读的效果，使学生在"乐读"中逐步走向"慧读"。

二、建立阅读档案袋，记录"自主阅读"评价依据

阅读成长档案袋是形成性评价的一种有效方式，它可以确认学生在完成一项复杂的阅读活动过程中所表现出来的思考过程，呈现学生应用阅读策略、解决阅读问题的历程，显示学生在整本书阅读中理解的深度、广度以及思维发展的状态。

在开展培养自主阅读者的小学整本书阅读区域实践研究中，我们鼓励并指导教师使用阅读成长档案袋的方式来评价学生的阅读所得，因为它操作简便易行、易于管理。文件袋、文件夹，任何可以储存学生整本书阅读作品的物品，都可以作为阅读成长档案袋。档案袋中的作品可以是精致完美的，也可以是粗糙、未成形的，只要能够反映学生的阅读过程、表现学生在阅读中的成长即可；作品的内容丰富多样，可以是学生与教师、同学协商确定的阅读评价标准、阶段性评价目标，也可以是学生在阅读过程中的思维导图、阅读笔记、为故事创作的插画、绘本等。所有的作品都标注日期，目的是让学生能够将自己在阅读中产生的新想法与他们已有的经验联系起来，去建构新的、更具有生长性的思考与观点。

我们指导师生按照如下步骤使用阅读成长档案袋——

一是确定阅读主题。在开启阅读之旅前，师生共同对此次整本书阅读提出一个主题，成长档案袋中的每个条目都要采取一定的方式予以呼应。确定阅读主题时，我们首先考虑的是学情。不同学段的学生，阅读评价的

侧重点不同，所确定的主题也就有所不同。如第一学段主要是评价学生是否热爱阅读、是否具有浓厚的阅读兴趣；第三学段学生处于"具体运算阶段"到"形式运算阶段"的过渡期，因此我们和学生协商确定的主题中，很多是对作品表达形式、创作特色的探究。如此这般，我们根据对学情的充分了解，确定各学段学生在各个不同发展时期的阅读主题。确定阅读主题时，我们还会考虑不同地域、不同学校、不同班级的实际情况，指导师生分别确定阅读主题，以确保每一名学生都能在不同主题的阅读评价中有所收获。

二是协同制订阅读评价标准。档案袋内的阅读评价标准是在整体评价标准的基础上，由师生协商制订的。让学生参与制订评价标准，可以调动学生阅读的积极性和主动性，激发其阅读的自我效能感。每一份评价标准中可以列出完成整本书阅读所需要采用的策略和方法、应完成的作品，提交作品的具体日期也由学生和教师共同商定，让学生在开始阅读时就明确意识到作品的完成日期。档案袋中还会放置一份日历，用以提醒学生自主进行时间管理。

三是烙刻阅读"印痕"。除了放置阅读中完成的作品，阅读成长档案袋里还可以放什么？我们觉得，要让学生的阅读"留痕"，思考"留踪"，就不应该只是让学生不动笔墨、一读而过，因为没有留下痕迹的阅读终将消弭读者对整本书的印象，其阅读效果难以得到保障。于是，我们和学生一起协同制作了"随阅记录卡"，用以记录自己所读过的图书的相关信息。当然，如果"读有所感"，也可以在"随阅记录卡"上用一两句话简要地写写自己的感受。

阅读的过程是一个接受优美语言感染熏陶的过程，学生行走在文字的丛林中，有必要拿出笔来、随阅随记，留下阅读的痕迹，丰盈自己的词库；阅读的过程是一个心灵不断受到激荡、产生情思的过程，随时记录让自己怦然心动的场景和语言，可以帮助自己回望这段阅读之旅、调动阅读的记忆与感受；阅读的过程是一段给人智慧和启迪的经历，书中那些饱含哲理、引人深思的事件、语句，不妨勾勾画画，再在"随阅记录卡"上写一写，可以帮助自己从阅读中受到启发，越来越富有人生的智慧；阅读的过程也是一段从优秀人物身上汲取力量、自我成长与发展的历程，在读书时记录下这些人物的名字，简要概括他们的经历，可以帮助自己获得源源不断的生命动力，从中深受鼓舞、激扬身心。

　　基于这样的思考，我们把整本书的要点浓缩在了一张小小的卡片上，卡片虽小，但隐含的信息却是非常丰富的。长期坚持下去，阅读卡愈积越多，就说明学生所读的书越来越多。"随阅记录卡"还具有可归类整理的优点，每天读书，每天记录整本书内容，把阅读中的所得所悟分类整理，时间长了，卡片越积越多，烙刻在学生心中的阅读"印痕"也越来越丰富、越来越多样，当学生需要运用书中的知识时，只需要翻查"随阅记录卡"，需要的知识便随手可得，十分方便。到小学六年级时，数一数阅读成长档案袋中的"随阅记录卡"，就可以知道自己小学阶段读了多少书。因此，"随阅记录卡"不仅方便学生检索、使用，还能真实地反映学生的阅读状况，这对学生自我评价、自我反思是极有帮助的。

　　阅读无声，思维留痕。在阅读成长档案袋内，学生留下的阅读痕迹是丰富多彩、缤纷绚丽的。除了"随阅记录卡"之外，成长档案袋中还可以存放学生随着阅读进程而产生的"作品"，如思维导图、旅行路线图、人物卡片、绘制的图画、阅读便签贴、自己设计的话题、教师对自己的评价、同伴对自己的评价等，这些阅读中的"作品"不仅充实着学生的阅读成长档案袋，还启迪着他们的智慧，丰盈着他们的精神世界，给每一位大踏步行走在阅读之旅上的学生留下童年亮丽的阅读印痕。阅读成长档案袋将在小学阶段与学生的阅读一直相伴相随，一人一袋，伴随六年，相信当学生有一天打开这个档案袋时，那份随书而生、随阅而行的满满的幸福感会再次溢出来……

四是展示阅读成果。采用阅读成长档案袋来评价学生的阅读成效，体现了学生在阅读中的主体意识，与学生的兴趣、能力紧密相关。因此，在经过一段时间的阅读思考、作品累积后，可以向班级、学校展示自己阅读成长档案袋里的作品。在展示活动中，学生向参观者描述自己在阅读中的发现与收获，这可以锻炼他们为证实一个观点而使用支持性材料的能力，培养他们的语言组织与表达能力。

高质量的评价是开放的，它提供给学生解答问题的无限可能，而不是在一张纸上选择答案；高质量的评价是真实的，它富有情境性，与学生生活紧密相连、不可分割；高质量的评价是多元的，它联动家庭、社会与学校，形成合力助推学生阅读行为；高质量的评价是发展的，它为学生提供展示各种能力的机会，在评价过程中不断挖掘学生的各种潜能……我们努力在"培养自主阅读者"实践过程中优化对评价原则的理解和认识，完善评价标准和评价方式，并通过评价改进我们整本书阅读课程的建构与实施，使"对阅读的评价"转变到"促进阅读的评价"中来。我们相信，每一名学生定能在这样的评价改革与实践中沐浴春风雨露，迎来心灵的春天！

第十一章　小学语文整本书阅读教学课例呈现

第一节　《大卫，不可以》的阅读报告

一、书册名片

（一）内容简介

《大卫，不可以》《大卫上学去》《大卫惹麻烦》是以大卫为主角的系列作品。在这套系列丛书中，作者大卫·香农以自己小时候的涂鸦作品为蓝本，刻画了一个调皮捣蛋的小男孩形象。

《大卫，不可以》讲述了母亲和儿子大卫的故事。每一个看过这本书的孩子都非常喜欢大卫，这个天真无邪、把家里搞得一团糟的小男孩，让小读者们觉得既开心又释怀，世界上哪一个孩子不渴望像大卫一样随心所欲地在墙壁上乱写乱画，把浴室变成一个沼泽地，头戴铁锅敲得叮当乱响……大卫的妈妈同样是隐在背后的主角，她无时无刻不在关注、关心、关怀着大卫的一举一动，常常挂在嘴边的一句话就是：大卫，不可以。孩子们从大卫身上看到了自己，大人也从大卫妈妈身上看到了自己的影子，从而产生很多共鸣。

《大卫上学去》讲的是大卫上学的故事。大卫离开妈妈，来到学校，

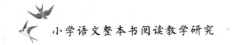

进入课堂，他必须遵守学校和课堂的规矩，学着和其他小伙伴友好相处。

《大卫惹麻烦》讲的是大卫长大了，拒绝进食、大声问话、出言不逊……种种行为都显示大卫在尝试支配自己的生活。然而就在他乐此不疲地惹麻烦并一次次为自己的行为寻找借口的时候，他说谎了，这一次，他真的受到了惩罚……当然，单纯善良的大卫很快便意识到自己为什么受到惩罚。在勇敢真诚地承认错误之后，大卫也第一次表达了对妈妈的爱。

（二）作者简介

大卫·香农，毕业于美国加州艺术中心设计学院，1998年凭借作品《大卫，不可以》一举夺得凯迪克银牌奖、美国图书馆协会好书奖及《纽约时报》最佳图书奖。他的故事大都直接和小朋友对话，从孩子的角度看世界，因此小朋友们很容易与他的书产生共鸣。

（三）出版信息

作者：大卫·香农

出版社：河北教育出版社

出版时间：2007年4月

二、教学价值

（一）符合孩子心智发展水平

一年级学生刚刚从幼儿园升入小学，他们心智发展尚不健全，对家长、老师依赖性较大，良好的学习和生活习惯尚未养成。因此，在这一学段，培养学生良好的行为习惯成为我们的首要任务。绘本作为校本阅读课程的一种形式，是符合低年级学段学生发展需求的。绘本不仅是在讲故事，还对学生良好道德品质和行为习惯的培养有着潜移默化的影响。"大卫系列"就是一套关于学生养成教育的图书，被定位为成长阅读系列图书。在成长过程中，我们要不断地学规矩，不断地完善自我，适应社会生活，而小学一年级是学规矩的关键时期。不过在这套书中，大卫始终以调皮捣蛋的形象出现：在学校不听老师的话，上课乱说话、欺负同学，在家也经常做错事，被妈妈批评。

孩子看了这套书，会不会去模仿大卫的种种行为呢？当然不会，这套书能够唤起他们童年的记忆，他们在阅读中能够在大卫身上找到自己的一些影子，也能够意识到大卫种种不良的行为习惯。当然，在这一过程中，教师需要及时有效引导，培养学生的辨别能力。阅读书目的选定首先要符合该学段学生心智发展水平，新课程标准把"喜欢阅读，感受阅读的乐趣"作为一二年级学段的阅读目标之一。这是选择阅读书目最重要的标准，学生如果有兴趣，愿意去读，首先说明他们读得懂，看得明白。"大卫系列"文字很少，降低了学生的阅读难度，同时故事生动，插图色彩丰富，人物形象"搞笑"，学生乐于去读，与其说是读，不如说是看。学生在阅读兴趣的强烈刺激下产生阅读冲动，在好玩、新鲜的阅读过程中体验绘本中的世界，能够以自己现阶段的认知基础对绘本进行解读。

孩子们第一次看到大卫，就完全被他吸引了。他长得怪模怪样的，哪里怪呢？你看，他长着土豆脑袋，尖尖的牙齿只剩下几颗，三角形的鼻子，鼓起来的圆圆的肚子把身体撑得像鸡蛋一样，脸上挂着歪歪的坏笑，甚至让人觉得有点面目可憎。这个看上去不太顺眼的小男孩形象正是作者大卫·香农模仿自己5岁时的涂鸦作品而创作出来的。孩子们觉得大卫好玩、有趣、真实，当然很容易被吸引。

（二）满足孩子精神成长需求

绘本不仅可以讲故事，而且可以帮助孩子建构精神世界。童年是儿童情感发展的关键期，他们开始对自我有了模糊的概念，在这一阶段，他们渴望认识自我，我们不能用成人的自我认知方式去替代儿童的自我认知方式。绘本阅读，则可以为孩子架起一座认识自我、认识世界的桥梁，学生借助绘本，可以慢慢了解自我情感世界。以儿童本位阅读为指导，在儿童本位视角下让孩子自己进入大卫的世界，进入自己的童年世界，体验生命成长的快乐。这个"面目可憎"的大卫其实很可爱，这个挂着歪歪的坏笑的小男孩其实很聪明，他无拘无束，天马行空，想象力丰富极了！其实，哪个小男孩不想像大卫一样自由自在的呢？他可以把浴室变成水上乐园，把自己想象成海盗，他可以披上床单变成超人，他可以把锅碗瓢盆当成乐器敲得叮当响，他喜欢浩瀚的宇宙，他可以在外太空的世界中安安静静……他喜欢挑战，喜欢破坏，喜欢去碰触界线，越不让他干什么他越要去尝试：踩着高高的凳子也要把妈妈放在柜子顶层的饼干拿到；即使妈妈说了不可以，还是要抡起大大的棒球棒，直到把屋子里的瓶瓶罐罐全都打碎，甚至被罚去站墙角。最有意思的是，他洗完澡光着屁股跑到大街上的那个场景，多么有趣呀！孩子们读到这里的时候总会哈哈大笑，光着屁股跑到大街上的大卫给他们留下了深刻的印象。这就是有趣的童年生活。

阅读这套书，学生能够在这个怪模怪样的小男孩身上产生共鸣，从中体验到阅读的乐趣和成长的快乐！大卫淘气、顽皮、天马行空的特点正是儿童天性的表征，我们不得不说，童年本来就应该是这样的。进入小学一年级的孩子，已经养成了许多行为习惯，相信这些6岁的孩子看到大卫，也会联想到自己小时候，从而忍俊不禁。儿童身上都有大卫的影子，也许现在还是像大卫一样做着这些"不可以"的事情，还是时不时地被妈妈追着喊"不可以"。

当我们把眼睛停留在绘本的最后一页上时，"宝贝，来这里""大卫乖，来这里"，那个平时凶巴巴、双手叉腰、跷起脚尖、扯着嗓门的女人现在张开温柔的双臂，紧紧地将淘气的大卫搂入怀中，一场暴风骤雨就这样被这个温暖的怀抱化解了。在我们的成长过程中，有一个人总是不离不弃，默默地守候在我们身边，给予我们无限的包容和谅解，这个人就是妈妈。也难怪作者在书的开篇即写道："献给我的母亲玛莎，是她让小时候的我守规矩。"这也是在阅读课上需要引导的一点。

（三）培养孩子的阅读能力

阅读不仅是对文字的阅读，也包括对插图的阅读、理解及表达。绘本可以培养学生多元智能发展，对孩子的认知能力、观察能力、沟通能力、想象力、创造力的培养都具有难以估量的潜移默化的影响。

新课标指出该学段学生能够"借助读物中的图画阅读"。"大卫系列"图书中文字信息量不大，但是图片信息量很大。在阅读教学中，教师要注意加强学生对插图细节之处的捕捉能力，丰富阅读想象力。例如：封面中的大卫踩着一摞书，伸手去够鱼缸，而此时鱼缸已经摇摇欲坠，你能想象鱼缸被他够到的那一刹那会发生什么事情吗？扉页中的妈妈，双手叉腰、气势汹汹，她为什么这么生气呢？她会对大卫说些什么、做些什么呢？大卫伸手要够饼干，在藏饼干的壁橱中，大卫还会发现什么呢？大卫嘴里鼓鼓囊囊，脸都撑得凹凸不平了，大卫都吃了些什么呢？观察大卫的表情，我们也可以捕捉到许多细节，委屈的、愧疚的、无助的、恶作剧式的……通过对插图细节之处的观察，同样可以提升学生看图读图的能力，打开学生阅读想象的翅膀。除了学会观察细节之外，学生在阅读绘本时更喜欢整本书一遍又一遍地翻看，这一过程是学生了解整个故事内容、熟悉人物形象的过程，同时也是将人物想象、故事情节与自己实际生活相联系的过程，从而达到自我体验、自我认知的目的。

《大卫上学去》中，在家调皮捣蛋的大卫来到学校，进入课堂，还是那么淘气。他上课不举手回答问题，大声讲话，欺负同学……种种行为无一不引起一年级学生的共鸣，这不仅是大卫，孩子们身边随处可见这种行为，也许这就是他们自己呀！或者他们也想像大卫一样去捣乱一次！每个人的认知经验和生活经验都存在差异，孩子也不例外，"大卫系列"的阅读课设计了很多师生交流、生生交流环节，如演绎"大卫的一天"，分小组交流，在讨论中进一步加深对绘本的理解。教师要注意指导学生说完整话，并且注意说话的顺序，促进学生在交流中不断提高语言表达能力和想象力，培养其一定的逻辑思维能力。

三、教师读书心得

《大卫，不可以》第一页"作者小语"中写道："献给我的母亲玛莎，是她让小时候的我守规矩。献给我的太太海蒂，是她让现在的我有规矩。"看到这两句话我心头一热，凡事守规则很重要，而我们一年级学生缺乏的往往就是守规矩这一点。六七岁是培养注意力、自制力、独立性和良好习惯的关键时期，让人又爱又恨的捣蛋鬼大卫是所有孩子，特别是男孩子的化身，他们不守规矩，精力旺盛，过于活跃，调皮捣蛋，即使告诉他们不要做某事，他们也要做一做。阅读这本书的目的就是让学生们借鉴"大卫"的行为，做到做事安全，守规矩。

书中最吸引人的是第三幅图：大卫洗澡。澡盆里放着大卫的一些玩具：游泳圈、军舰、小鸭子、水雷、鲨鱼、海盗帽子。可怜的"八爪鱼"被冲到了地板上，瞪着惊愕的眼睛不知所措。而大卫面戴潜水镜，头顶海盗帽，手拿"鲨鱼"，他的眼神和手里鲨鱼的眼神一样，虎视眈眈地盯着小鸭子，小鸭子则流露出惊恐的神色。此时的大卫把浴盆当作戏水乐园，不管不顾地肆意玩水，水龙头开到最大，哗哗地流着水。澡盆里的水起伏不定，早已溢出，流得满地都是。画面上没有妈妈，可以想象大卫的妈妈一定会双手叉腰，大声对大卫说"大卫，不可以"。其实每个孩子都希望能够像大卫这样"痛快地洗澡"。在浴室里，大卫把自己当成了海盗，他能潜水，能指挥鲨鱼追赶小鸭子，他是整个"海洋"的主宰……这个场面会唤醒孩子们乃至成人的记忆，我们不也是在洗澡时玩这玩那，头脑中幻想着一些不着边际的游戏嘛。而文字"大卫，不可以"提醒我们做任何事都要讲规矩，大卫这样洗澡不但增加妈妈的家务负担，也会浪费水资源，所以最后我们把阅读定位在要遵守不浪费水的规矩上。

《大卫，不可以》每一个画面中都有"大卫，不可以"，封面上，大卫一只脚站在歪七扭八的书垛上，另一只脚悬空，伸出双手去搬放在高桌上的玻璃鱼缸。鱼缸很大，感觉比大卫的大脑袋还要大两倍，里面盛满了水，还有两条吓得惊慌失措的红鲤鱼。此时，鱼缸已被他挪出了桌面，由于倾斜，水已经洒了出来，摆放鱼缸的高桌也已倾斜。看到此情此景，无论是谁，都会吓得胆战心惊，仿佛下一秒就会听到大卫摔倒、鱼缸摔碎的声音。大卫要干什么？是不是想把鱼缸搬下来，喂一喂他的小鱼朋友呢？大卫喜欢小鱼是可以的，但这样做多危险，这里还可以定位在要遵守安全的规矩上。

整本书中，大卫古灵精怪，勇敢、聪明，爱幻想，妈妈对大卫严格、严厉，在妈妈一次次地说着"大卫，不可以"时，我们可以看出妈妈对大卫进行的规矩教育。孩子们阅读时，也在潜移默化中知道了什么事"可以"，什么事"不可以"，明白了许多规矩。

四、阅读教学设计

（一）教学目标

1.知识与技能

关注学生口语表达，提高学生言语实践能力，训练学生说一句完整的话，并且使言语表达更加丰富、完整。这也是新课标对低学段学生的要求。

发散思维，引导学生大胆想象、联想，表述绘本故事。

2.过程与方法

教给学生一定的读书方法：读封面（作者、译者、出版社等文字信息），浏览全书，观察细节。口语表达中注意事情发展的逻辑顺序。

3.情感态度与价值观

大卫做的许多事情孩子们并不陌生，通过读书，寻找熟悉的场景，从而回到自己的童年生活，回味有趣的童年生活，并且懂得守规矩，懂得感恩关注我们成长、背后为我们默默付出的那个人——妈妈。

（二）教学重点

1.培养学生良好的读书习惯。

2.关注学生口语表达，提高学生言语实践能力。

3.让学生在阅读中体会母爱，并表达对母爱的感悟。

（三）教学难点

1.关注学生口语表达、提高学生言语表达能力是教学的重点，也是难点。

2.在教学活动中，要尊重学生的主体地位，运用一定的教学策略充分激发学生的阅读热情，让学生爱上阅读。

（四）教学过程

1.封面猜想，读全信息

环节一：猜一猜

通过"猜一猜"做游戏的方式，引导学生关注封面信息：书名、作者、译者、出版社、获奖情况。读全封面信息：（1）书名：大卫，不可以（写一写）。（2）作者：文图[美]大卫·香农（标注拼音，读一读）。（3）译者：余治莹（标注拼音，读一读）。（4）凯迪克大奖（标注拼音，读一读），凯迪克大奖是为了纪念英国的绘本作家伦道夫·凯迪克而专门设立的，这是美国绘本故事书中的最高奖，获得此项大奖的图书是非常受小朋友欢迎的。

环节二：认识大卫

（1）认真观察大卫的外貌特征，并用一句话完整地表达出来。引导学生运用一定的修饰语：像土豆一样圆圆的脑袋，头顶光溜溜的，没有几根头发，小小的眼睛滴溜乱转，尖尖的牙齿只剩下了6颗，因为吃得太多，肚子撑得圆鼓鼓的，像鸡蛋一样，浑身上下脏兮兮的。

（2）说一说图中的大卫在做什么，指导学生表达清楚、完整。

2.浏览图书，引起共鸣

自由读书，在书中寻找自己熟悉的画面，建立起自身与大卫的联系，将自己代入书中，引发共鸣。说一说，你做过哪些一样的事情。

口语表达指导：学习运用句式"我也像大卫一样……"说话。

3.发现细节，复述场景

听故事录音，找一找画面，并复述出画面内容。选择最喜欢的故事，讲一讲。引导学生运用平时的语言积累，把画面转换成文字，联系生活实际，发散思维，大胆表达出绘本画面内容。

4.讲述故事，关联场景

这本书中每幅画面都有独立的情境，每个场景都给人以很大的想象空间，因此也可以把每页的故事串联起来，形成一个新的故事。可以让学生串联起书中的两到三幅画面，编出一个完整的故事，如"大卫的一天"。在这一过程中，教师要注意引导学生更加丰富、合理、有创造力地去想象与联想。

5.补全对话，激发情感

作者匠心独运，前面通过大卫的一系列"恶劣行径"，表现了他的调皮、爱捣乱，但是故事的结尾既在情理之外又在情理之中，大卫浪费水、玩食物、不穿衣服就跑出去、在屋里打棒球……他做了那么多"不可以"的事情，但是最后妈妈都会原谅他，给他一个大大的拥抱。

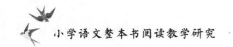

口语表达：说一说，妈妈把大卫搂入怀里的时候，大卫会说些什么。在那些场合中，你最想对妈妈说些什么。让学生在阅读中体会出母爱的深沉，并表达出对母爱的感悟。

6.观察色调，回顾全书

绘本的表现手法很夸张，例如，为了表现出大卫狼吞虎咽，吃了很多东西，作者让大卫的脸占满了整个画面，背景也涂成了粉色的暖色调。整本书以暖色调为主，书中很多画面背景都是黄色，封底虽然满篇都是"No"，但背景仍然是暖暖的黄色，象征着妈妈对大卫的关爱无处不在，让人感受到温暖的母爱。

第二节　《不一样的爸爸》的阅读报告

一、基本介绍

《不一样的爸爸》是一本关于父爱的绘本故事书。全书以朗朗上口的语句描述了许多个不同的"爸爸"，有的爸爸正张开双臂热情地拥抱孩子，有的爸爸像个孩子般陪着孩子在雨中踩水坑玩，有的爸爸正小心地陪着孩子学习骑车，还有的爸爸把事情弄得一团糟就愧疚地躲了起来……文中的爸爸皆为拟人化的动物形象，神态各异，令人捧腹。作品的结尾点出了主题：你有爸爸，他也有爸爸，但是没有一个爸爸和我的爸爸一个样，这真让我很高兴。等长大了，我只想做像他那样的好爸爸！全篇流露出父亲爱孩子、孩子爱父亲的真情。

二、教学价值

课外阅读是提高学生心智发展水平的重要手段和方式。我国在发展教育事业的过程中非常注重学生的课外阅读，《语文课程标准》对第一学段学生的课外阅读量要求是不少于5万字。在教育教学的实践中我们发现，5万字的课外阅读量这一明确而又具体的要求对刚从幼儿园升上来的一年级学生来说，无疑是很大的挑战。因此，针对初步适应小学生活的一年级学生来说，激发学生的阅读兴趣，培养良好的阅读习惯尤为重要。低年龄段学生活泼好动，爱看动画，喜爱游戏。他们对周围的事物充满好奇，乐于探索，且形象性思维较强。因此，为一年级的学生选择《不一样的爸爸》这本绘本故事书，相信他们会被里面神态各异、色彩鲜活的拟人动物形象所吸引，从而点燃他们阅读欲望的小火苗。

《不一样的爸爸》是一本关于父爱的绘本故事书。全书以各种拟人化的动物形象表现许多个不同的"爸爸"，这些动物形象是被学生熟知的，但又会让人感到惊奇，可能会颠覆学生对其的原有认知——原来它也有另一面。这样促使学生更加细致地去观察图画，从眼神、动作等细节中体会故事形象在当下的心情。读书可以在一定程度上培养学生获取信息的能力和体会人物情感的能力。学生通过阅读绘本故事，可以懂得一些道理。

（一）知识积累

学生阅读绘本故事书时，可以欣赏色彩鲜活的动物形象，可以诵读简单易懂且字号不一的语句。在这个过程中，他可能关注到了某个字、某个词、某个句式（如：有的……有的……还有的……），教师可以加以引导，使其记住字音、理解词义、套用句式说话等，学生在不知不觉中积累了语言词汇、丰富了自身知识。

（二）能力提升

学生在刚接触一本新书时，教师可以引导学生观察书的封面，从中获得一些信息，如作者、出版社、色彩、人物等，也可以通过观察画中人物的眼神、动作、服饰等猜故事情节，这是非常有意思的。接下来，教师巧妙提问，引导学生有目的地去通读整本书，引导学生就一幅图画进行说话练习。画面是定格的，学生的想象力却是不可估量的，同时也可以培养学生在图画之间建立联系并提取相关信息的能力。在集体共读《不一样的爸爸》这本书之后，教师还可以为学生推荐爸爸系列专题绘本《我爸爸》和《我的爸爸叫焦尼》故事书。他们在读过一本书的基础上会进行知识迁移，运用已掌握的阅读方法去读同类绘本及自己喜爱的相关读物，阅读能力将会有质的飞跃。

（三）精神成长

在每个孩子的生命中，爸爸这个角色都是不可替代的。观察了不同的爸爸形象，同学们就会联系到自己的爸爸，有些学生会说："我的爸爸没有陪我玩过游戏""他很少陪我""爸爸每天回来很晚，那时候我都睡着了"……每个孩子都有自己的感受，他们希望自己的爸爸可以像绘本中的"熊爸爸"一样，时而调皮，时而搞笑……最重要的是可以抽出些时间陪陪自己。因此，这本绘本故事，孩子在校由教师引导阅读，回到家中可以与爸爸进行亲子阅读，拉近父亲与孩子之间的距离。

爸爸在与孩子同读一本书时，氛围是不一样的。希望孩子能与爸爸有多些时间相处，也给很少陪伴孩子的爸爸一些表达父爱的机会。更重要的是，每个学生的爸爸都是独一无二的，他们为自己的爸爸感到自豪，无论自己的爸爸有何缺点，他都是自己最爱的爸爸。在孩子的成长过程中，爸爸是鼓励孩子在生活中要坚强的那个人，是孩子一生的榜样！

三、教师读书心得

《不一样的爸爸》被列入暖房子经典绘本系列第四辑，讲述的是关于父爱的故事。全书以朗朗上口、贴近生活的语句描绘出了很多不同的"爸爸"。文中的爸爸都是以熊爸爸的形象出现在读者面前的，画风既温馨可爱，又鲜艳亮丽，不仅能吸引小读者，连老师都被深深地吸引住了。有的爸爸，会张开手臂热情地拥抱你；有的爸爸，会陪你踩着水坑一起玩游戏；有的爸爸，会在你学会骑车前，跑前跑后地护着你，让你慢慢骑；有的爸爸，会在你伤心的时候逗你笑，帮你擦干眼泪和鼻涕。没错，爸爸愿意帮你做这世界上任何一件事。

没有父母不爱自己的孩子，但是由于工作、养家糊口等原因，一些父母对孩子的陪伴越来越少，让孩子感觉到父母的爱越来越少。

在现实生活中，大多数陪伴孩子的任务落在了母亲身上，母亲的陪伴要明显多于父亲。这也是中国传统文化的影响，一般来说，大多数的父亲主要承担起养家糊口的重任，更多的时间放在了工作上，或者因为工作后感到身心疲惫而没有精力再去陪伴孩子，所以陪伴孩子的时间较少。这个问题需要引起重视，因为父亲的陪伴和母亲的陪伴是完全不同的。父亲对孩子的影响往往比母亲对孩子的影响更大、更深远。

小学阶段的孩子大多依赖性强，心理发展还不成熟。父亲的陪伴、关爱和引领，有利于孩子身心健康发展，也为今后的教育奠定重要基础。小学阶段，学生的心理和生理正在发展，心智不成熟，很容易受到外界环境和事物的影响，而父亲的陪伴可以很好地调节小学生的情绪，疏导不良情绪，稳定他们的心情，增加他们的安全感和信任感。孩子在父亲身上得到了情感的满足，有利于其身心发展。

很多孩子都希望父亲和他们做游戏、郊游、看电视，给他们讲有趣的故事，接送他们上下学，等等，就像书中的熊爸爸一样，给孩子讲故事，让孩子骑在头上玩耍，但是有的爸爸因为工作太忙没有时间陪伴孩子。父亲们要向书中的熊爸爸学习，因为在孩子的眼里，没有一个爸爸和自己的爸爸一样，父爱不可替代。

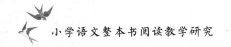

四、教学设计

（一）教学目标

1.关注绘本封面信息，知道作者、绘者、译者，以及《不一样的爸爸》是一本关于父爱的故事书。

2.通过翻阅绘本，朗读文字，了解小熊父子间的趣事。

3.通过观察画面中的故事情节，联想到与自己生活相似的场景，进行句式训练，能够用一句或几句话复述场景内容，进行口语表达。

4.通过对画面的重组、分类，理解无论多么不一样的爸爸都是爱"我"的，感受爸爸对"我"深沉、宽广的爱，加深对父爱的感悟。

（二）教学重点

通过图文结合的有效阅读，联想"我"与爸爸的生活场景，复述场景内容，提升口语表达能力。

（三）教学难点

通过对图片重组、分类，从爸爸陪伴"我"、爸爸帮助"我"到爸爸需要"我"中，体会到无论是多么不一样的爸爸，都是爱"我"的，感受爸爸对"我"深沉、宽广的爱，加深对父爱的感悟。

（四）教学过程

1.活动一：赏析封面，了解信息

首先，教师提问：封面上画着哪些可爱的动物？引出一对可爱的小熊。教师继而引导：多么可爱的小熊呀！你能猜出他们之间的关系吗？说出你是依据什么猜出来的，由此激发学生的阅读兴趣。学生可依据图片信息，如小熊的动作、个头、穿着等，也可依据文字信息，如题目或"关于父爱的故事"等猜出这对小熊是父子关系，培养学生的观察能力与想象能力。

其次，教师引导：这本有趣的书属于"暖房子经典绘本系列第四辑"，它是由英国史蒂夫·斯莫尔曼著、肖恩·朱利安绘制、暖房子翻译的。在教师的引领下，关注文字信息并简单介绍作者、绘者与译者的影响力及图书的出版社，培养学生提炼封面信息的能力。

最后，请学生边观察边说一说封面的熊孩子与熊爸爸在海边的趣事。教师加以引导：观察封面，你能说出谁在哪里干什么吗？意在培养学生说完整的一句话或者几句话的能力。例如：在海边，小熊拉着爸爸的手，在石头上蹦来蹦去。

2.活动二：猜想画面，寻找趣事

首先，教师引导过渡：熊孩子与爸爸在海边玩耍，多么有趣呀！像这样的父亲与孩子玩耍的画面还真不少呢！你猜猜书中都有哪些动物父亲在陪孩子玩耍呢？它们会做些什么趣事呢？通过"猜读"活动，引发学生对书中内容浓厚的兴趣，从而激发孩子主动阅读。教师需从旁起到辅助学生说完整话的作用。接着，当孩子的阅读兴趣达到一个制高点的时候，教师顺势引导：你们快到书中仔细观察、寻找，是否有你猜到的画面呢?你没有猜到的一对对父子又有哪些趣事发生呢？教师给出一定的阅读时间，让孩子全身心融入书中。此时，沉浸在一对对动物父子趣事中的孩子有很多发现想说出来，不妨组内交流。汇报时说出你看到了谁的爸爸，与孩子在哪里干什么，想象它们的心情怎样，又或者它们会说些什么。意在训练在哪里、干什么的句式，并加以扩充，联想到人物的语言、动作、表情等，培养学生通过联想说一句或几句意思完整的话。而对书中没有描绘的动物父子活动场景，教师可利用图片平铺跨页的延展性，引导学生合理想象。

口语表达训练：

①我看到海鸥爸爸与孩子在沙滩上堆魔法城堡；②我看到鸟爸爸陪孩

子在树枝上讲故事，爸爸讲的是"熊二"偷吃蜂蜜的故事，孩子听了哈哈大笑。

3.活动三：重组画面，场景再现

首先，教师引导学生观察熊父亲与孩子的趣事：刚刚同学们在书中找到很多对动物爸爸与孩子，书中的每一页都有小熊父子，你能给大家说一说熊爸爸陪熊孩子做了哪些有趣的事吗？（说到相关画面，并阅读相关文字来加深理解）

其次，教师出示PPT加以分类：踩水花、放屁、打嗝等归属为"爸爸陪伴我"，骑自行车、擦眼泪、握着小手等归属为"爸爸守护我"，搭帐篷、做饭归属为"爸爸需要我"。（通过画面重组归类，感受到爸爸的"不一样"）

最后，联想自己与爸爸是否也像小熊父子那样，发生过很多有趣的事，说给大家听一听。（通过书中画面联想到自己与爸爸的生活画面，复述趣事）

训练句式：①当我_____时候，爸爸_____，因为爸爸爱我！通过"爸爸陪伴我""爸爸守护我"的画面，说一句完整的话，感受爸爸对我的浓浓爱意。

教师重点讲解"爸爸需要我"的场景中"搭帐篷""做饭"的画面：无论谁的爸爸，都会有把事情搞糟的时候，此时的爸爸一定会很伤心、无助，需要安慰！你的爸爸做过怎样的糗事呢？你又想对爸爸说些什么呢？以此激发孩子内心对爸爸满满的爱，说出安慰爸爸的话。例如，爸爸洗衣服的时候，串了颜色，我看到后，想对爸爸说：没关系爸爸，下次我们分类洗衣服就好了。

当"我"需要爸爸的时候，爸爸总是第一时间出现在我面前。当爸爸需要你的时候，你会怎样做呢？

训练句式：②当爸爸_____的时候，我_____，因为我爱爸爸！

通过句式训练，提升学生的口语表达能力，感受到爸爸爱我、我爱爸爸的情感。在画面重组、分类，联系生活，场景再现，复述自己与爸爸的趣事中，激发情感，对爸爸说出自己的心里话。通过句式训练，培养思维语言。整个过程以倾听、联想、建立联系为着力点，使孩子感受到不一样的爸爸对孩子一样的爱，激发内心对爸爸深深的爱。

4.活动四：回归主旨，情感升华

首先，出示"爸爸拥抱""举高高""骑肩膀"画面：有的爸爸会常常拥抱孩子，有的爸爸会常常把孩子高高地举起，还有的爸爸会常常把孩子扛在肩膀上，所有的爸爸都会用他们独有的方式向孩子表达爱意。闭上眼睛回忆，你的爸爸常常用哪种方式向你表达爱呢？学生说出爸爸会怎样表达爱。

其次，我们的爸爸各不相同，表达爱的方式也各不一样，可他们对我们的爱是多么一致，多么相同。我们是否也像他们爱我们一样爱他们呢？如果爱爸爸，就要行动起来，你想为爸爸做些什么来表达爱呢？学生说出自己要为爸爸做的事情。

通过视图感受不一样的爸爸对我们深深的爱意，挖掘内心深处对爸爸无限的感激与爱意，化爱意为行动，真正地为爸爸做些什么，实实在在地表达爱。

5.活动五：色彩线条，传达爱意

首先，回顾绘本内容，观察色彩的运用：你在绘本中看到了哪些颜色？

学生回答：天蓝、淡绿、鹅黄等。

这些颜色使你想到了什么？

学生回答：大海、天空、沙漠、森林……

引导感受：爸爸的爱就像天空一样宽广，像大海一样深沉，像沙漠一样无边……

其次，出示扉页和封底大篇幅的小格子，体会作者用意：猜想这两页满满的蓝紫格子会是什么呢？

学生猜测出蓝紫格子是爸爸的被子，进而感受到，爸爸的被子有爸爸的味道，爸爸的味道就像海洋的味道，轻柔地抚摸着我；爸爸的味道就像阳光的味道，温暖地拥抱着我；爸爸的爱时时环绕在我身边……

再次，出示封底，阅读文字，感受不一样的爸爸都是爱我们的好爸爸。体会作者、绘者将此书献给自己父亲的用意。

最后，出示读书卡：

每个人都有自己的爸爸，而我的爸爸是世界上独一无二的爸爸，当我_____时候，爸爸会_____。当爸爸_____时候，我会_____。当爸爸_____的时候，我会_____。因为爸爸爱我，我爱爸爸！

通过读书卡的口语填写，感受我与爸爸的浓浓情谊。

第三节 《北纬36度线》的阅读报告

一、基本介绍

推荐《北纬36度线》旨在让孩子顺着一根线看见各地的风土人情。他们一定还会希望看见天下的情景。他们博大了，就会发现大家都很美丽，天下也就亲近和气了。本书作者是小林丰，日本画家，他1946年生于东京。20世纪70—80年代，小林丰多次走访中东、亚洲各地，走访中的感受成了创作的源泉。其主要作品有散文《为何战争无法结束——我在阿富汗的所见所闻》、绘本《世界上最美丽的村子——我的家乡》（获1996年度产经儿童出版文化奖、富士电视奖）、《村里来了马戏团》（入选1997年度"青少年读后感全国竞赛课题图书"）、《重返世界上最美丽的村子》《北纬36度线》《街道——我们的一天》《小山》（以上均为白杨社出版）、《我的查潘达兹》（光村教育图书）、《我和弟弟一起走》系列（岩崎书店）和《樱花之城》（佼成出版社）等。

《北纬36度线》主要讲了在平常的一天，突然出现了一只大鸟，它领着我们展开了一趟时间旅行，为我们开启了一扇奇妙旅程的大门。两位主人公从日本的东京出发，沿着一条叫"北纬36度"的线旅行，他们看到了一个个不同的国家、不同的民族，以及不同的习俗。作者用柔美的语言与写实的画风，将这些一一展现在读者的面前，用简单的语言，为小朋友讲述值得深思的内容。这确实是一本值得拥有的书。

二、教学价值

《北纬36度线》以精美绝伦的绘图给孩子带来视觉的享受，具有较高的文学审美价值。图与文相辅共存的平衡关系，营造了整本书的内在感觉。绘本阅读具有直观性与形象性，符合儿童审美需要和心理特点，在长期阅读中，能潜移默化地激发儿童阅读兴趣，对儿童的思维、语言发展，审美能力的提高，情感的点化，视野的开阔都有着很大的作用，从而提升孩子的综合素质。

（一）能给孩子语言的涵养

《北纬36度线》语言简洁精练，生动亲切，并且朗朗上口，无形中给了孩子语言的涵养。通过这本书，孩子们知道了地球上还有好多好多其他国家，那里也有风光秀丽的小山村，也有繁忙热闹的小城镇，也有高楼林立的大城市，居民也过着怡然自得的生活，创造着各具特色的文明。

（二）能给孩子审美的熏陶

小林丰希望让孩子们能通过自己的画笔了解各地的风土人情。例如，电视里战火弥漫的阿富汗也有美丽的四季，孩子们能赤着脚摘红果子吃，他们在院前屋后种白杨树，喝现榨的芝麻油。孩子们在阅读过程中，不仅

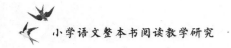

享受故事，也受到美的熏陶。

（三）能给孩子生活的启迪

绘本意蕴无穷，将生活的哲理和深刻的道理通过有趣的故事和好看的画面传达给孩子，使孩子的种种价值观在愉快的阅读中慢慢建立起来。绘本能给孩子情感的滋养。这本绘本，犹如一股通往和平的清泉，浇灌着每一个读过它的孩子。一只大鸟突然出现，带领我们开启了一段奇妙的旅程……跟随大鸟，我们路过城市、乡村，穿越沙漠、海洋，感受和平的美好与战争的残酷，也走进作者小林丰的世界。这本绘本向孩子们展示了一种对生命的态度，一种人与人之间的关怀。绘本文字表面上看平平淡淡，娓娓道来，画面中风光宜人，其实背后却充满了对战争的忧虑与厌恶。

出生于战后东京的小林丰先生童年时代就迷上了在行走中观察世界的方式，对"有人的地方"，有生活气息的地方——村镇、部落都很感兴趣。在阿富汗，我们被孩子们赤着脚玩耍的神情打动，被四季美丽的风景吸引，并为那种人与自然和谐相处的智慧而叹服，中东文化的魅力深深烙在我们的脑海中，我们却又为它陷入战乱而深深不安。在绘本阅读中，孩子可以轻松地与作品对话，与生活对话。绘本可以濡润孩子的心灵，滋养孩子的灵魂，陶冶孩子的身心，从而使孩子形成良好积极的情感，学会关怀、分享、坚强、勇敢，受到启迪。

（四）能激活孩子的思维

想象力和创造力是通过直接与间接的体验获得的，体验越丰富，想象力和创造力就越丰富，造型完整、艺术性强、色彩鲜明的绘本可以为孩子提供良好的视觉体验，让孩子发挥想象，不断创造。

（五）能开阔孩子的视野

绘本能让孩子亲切、自然地认识世界，开阔眼界，积累经验，满足孩子的求知欲望，让孩子学会与自然和谐相处。低年级孩子可以从这本书开始，接触到"纬度"的概念，由该绘本做引子，孩子们可以颇有兴致地跟着绘本一起看地球仪，了解赤道、纬度等，从而使孩子增加阅读兴趣，开阔视野。这本书在进行反战教育的同时，也培养了孩子们"世界是连接的"这种视角。小林丰先生坚持创作和平绘本，希望绘本能成为宣扬和平的工具，让孩子在了解世界的前提下，形成同情心，爱好和平，远离战争。绘本不仅让我们看到了小林丰成长的故乡东京，感受到了他的童年生活，了解了世界各地的风土人情，更重要的是，它给孩子们埋下了和平的种子。

三、教师读《北纬36度线》有感

这是一本什么样的书？《北纬36度线》这本书把"点—线—面"同时组在一起，阐释了一个立体时空的概念——展示了同一时间点、同一纬度线、不同地区的面貌。这一路上，小林丰为我们开启了一趟世界之旅。书中大鸟更像一位旅行中的导游，它沿着北纬36度线，一直向西，飞过海洋、飞过平原、飞过高山、飞过盆地、飞过沙漠、飞过高原、飞过岛屿、飞过太阳升起的地方，让读者感受到，原来在这样一条线上，竟同时存在这么多不同的地貌，竟存在这么多风土人情。在那些作者想要我们重点关注的地方，大鸟便会稍作停留，让我们更好地体会。旅途的风景固然美丽，然而人情世态也要关注。如果说大鸟是自然的使者，那么男孩与狗便是人间的天使，在他们面前，地区和种族的界限已经模糊，他们融入人群，感受普通人平凡的日复一日，体验战争的残酷，珍惜和平的美好。他们既是我们在故事中的同伴，又是我们在故事中的化身。通过多次品读绘本，我心中有一丝感动，一份淡然。这种感受来自书中人们对待生活的那种恬淡、安然的态度。我想孩子们通过品读绘本也能感受到一种美好、一份纯真，盼望建立一个温馨美丽没有战争的家园。通过阅读，孩子们还可以了解各个国家的风土人情，各个地区的建筑特色，同一时刻不同地区存在的时差现象。

学生通过阅读，可以获得什么？

（1）培养阅读兴趣。《北纬36度线》通过图画和文字共同叙述了一个完整的故事。图画就是绘本的生命，从孩子的发展特点来说，读图是他们的强项，图画是他们进入故事王国的密码。图画可以激发他们的阅读兴趣。

（2）丰富情感体验。孩子们在阅读《北纬36度线》的过程中，会随着大鸟和两个男孩子看到的场景或喜或悲，这样就丰富了他们的情感体验。而且阅读本身会给孩子们带来很大的快乐，他们可以从故事中获得享受。另外，孩子们可以从《北纬36度线》中轻松地明白很多深奥的道理，在绘本阅读中理解真善美。这是一本宣传和平、反对战争的绘本，可以培养孩子"世界是连接的"的视角。希望孩子们阅读这本绘本后，能成为和平爱好者，在了解世界的前提下，形成同情心，从而为维持世界和平做出努力。同时，通过不同地区的孩子的故事，可以培养学生分享、合作等一系列品质，使其更好地与同伴交往，更好地促进自身的社会化。

（3）促进想象力发展。孩子们喜欢想象，与其他儿童文学形式相比，集图画和文字于一身的绘本更能给孩子们留下广阔的想象空间。《北纬36度线》中多样的地貌、丰富的情节、有趣的故事可以增加孩子们的体验。孩子们通过读故事，看精美的图片，获得语言和画面的双重刺激，促进语言表达能力、想象力、创造力和审美能力的全面发展。

四、教学设计

（一）教学目标

1.通过阅读绘本相关内容，学生追随大鸟的轨迹重点欣赏韩国釜山、庆州，中国西安、帕米尔高原等地的风景，感受各地生活的美好。

2.在阅读中，培养学生看图说话的能力，让学生发挥想象力猜想故事。

3.激发学生的阅读兴趣，让学生产生到绘本中所涉及的城市亲自体验的欲望。

（二）教学过程

1.走近绘本，开启旅行

孩子们，快看，谁飞来了？这只居住在东京的大鸟，在高处俯瞰着地面上的人们。它引着路，带领两位骑着自行车的男孩和他们的爱犬沿着北纬36度线一路向西游世界……这段旅程绕地球整整一圈。今天，让我们跟着大鸟到几个地方停一停，用心感受当地的风情。

2.欣赏风景，体验各地风情

（1）釜山

师：跟着大鸟……齐读上面的文字。

生："我们越过了大海""在港口的黄昏里，我们迎着陌生的风"。

师：陌生的风，你怎么理解？

生：到了新的地方，对来自东京的大鸟和两位男孩来说，釜山的风景是陌生的。

师：我们跟随着他们来到了离东京最近的韩国，韩国的釜山也是晚上七点。

师：你们找到两位小男孩了吗？他们在干什么？

生：两位小男孩站在客轮上欣赏釜山的风景。

师：两位小男孩看到了什么？谁能将词语用进句子中？

生：两位小男孩看到了连绵起伏的高山。

两位小男孩看到了被夕阳笼罩的高楼大厦灯火通明。

师：我们一起看看釜山是个怎样的地方。

小结：釜山是韩国第一港口，这里最吸引人的还是海岸风光。釜山被连绵的群山环抱，有着秀丽的海滨景观。这里，对来自东京的大鸟和孩子们来说有着和日本不一样的风情。

（2）庆州

师：继续向西，请你来读一读。

生："乍一看去，这里和东京，一样的时间，一样的气息。"

师：那么"这里"又是哪里呢？通过查看前蝴蝶页的地图，我们知道他们来到了韩国的庆州。

师：在这幅图画上，你看到了什么？

师：请有序观察，谁能有条理地按照一定的顺序试着说一说？

师：谁来填一填？

黄昏的庆州，我看到有很多人。有的人在（　　　），有的人在（　　　），还有的人在（　　　）。

评价：通过你们的描述，这画面仿佛动起来了，可真生动。

师：我们对比看一看釜山和庆州的建筑有什么不同。

生：釜山是高楼大厦，庆州是青色的瓦房。

师：这两个地方都在韩国，釜山是城市，庆州是村庄。

小结：两个男孩推着他们的自行车和小狗行走在田间小路上，感受着庆州的悠然恬静。这里的人们彼此尊重，生活得很安逸、幸福。一户人家在屋内围桌盘腿、席地而坐的场景展示了韩国人的礼仪文化。这里和日本的饮食习惯、礼仪习惯很相近。

（3）西安

师：在韩国歇息了片刻，我们继续向西，看到了我们最熟悉的巷子、最具中国特色的红瓦房，我们的首都北京离这条线还有一定的距离，这里是古都西安。跟随着大鸟一起旅行的小男孩，你找到了吗？

师：两位小男孩和他们的爱犬走在街巷中，他们看到了什么？

生：一位小男孩看着一对父子下棋，另一位小男孩的目光追随着与他们一起来的小狗。

师：两位小男孩推着自行车，欣赏着这里的一切。走在街巷中，两位小男孩心情是怎样的？

生：两位来自日本东京的男孩对中国西安的生活充满好奇，他们应该是很新奇地在了解当地人们的日常生活，觉得这里的一切都很有趣。

师：在这幅图上，你们看到了什么？

说建筑——

生：在这幅图上，我看到夕阳照射着一座座红色的瓦房。

课堂预设：鼓励学生看到不一样，说得不一样。

①学生若说"我看到了红色的瓦房"，教师引导："你看到的红色瓦房在哪儿？看着瓦房，谁还能说出不一样的句子？"学生："我看到了一座座红色的瓦房。"

②教师引导学生观察最高的瓦房，这里的瓦房有高有低："我看到一座高大的红色瓦房。"

③教师引导学生看此时的时间是下午六点："我看到夕阳照射着一座高大的红色瓦房。"

说生活——

师：西安街巷的人们此时在做些什么呢？

生：在这幅图上，我看到了在街巷中追跑的少年，他们看起来很开心。

在这幅图上，我看到两位老人在街巷旁聊天乘凉。

在这幅图上，我看到爸爸和儿子在街巷旁下棋，小男孩下得很认真，

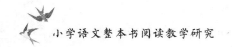

看起来像遇到了难题。

在这幅图上，我看到了路旁有一个小孩指着叔叔车上的大箱子，我很想知道里面是什么。

在这幅图上，我看到有两位阿姨站在家门口聊天，可爱的孩子在她们的视线中玩小球，大家看起来都很开心。

在这幅图上，我看到一位小男孩在墙头趴着玩，另一位小男孩在墙边踩着铁桶正要往上爬，他招着手，好像在对上面的男孩说："嘿！你等等我。"

在这幅图上，我看到三个人正走向街巷的尽头。

在这幅图上，我看到一位中年叔叔推着食品车在路旁吆喝，小男孩拉着姐姐的衣角，好像在说："姐姐，我想吃，我们回去买吧。"

师：图画中的街巷可真热闹，我们看到了不同年龄的人，他们做着不同的事情，但一样的是，他们都很快乐。

师：（出示局部图）正是吃晚饭的时间，一位小男孩坐在家门前吃着饭，这时候小男孩的爱犬走向他的家门。如果你是这位小男孩，你会想些什么？

预设：这是哪里来的小狗？它的主人呢？街上穿黑裤子和红裤子的两个男孩是不是它的主人？他们是从哪里来的？天啊，它不会要抢我手中的饭吧？好可爱的小狗，它是不是饿了？

师：引导观察门口男孩的表情。（小男孩端着碗筷，瞪大眼，张大嘴）

师：男孩为什么会有这样的表情？

预设：推着自行车的男孩是从日本东京来的，说的是日语，而西安男孩说的是中国话，他们之间有语言障碍。小男孩走进家门，两位小男孩和他们的爱犬也紧跟着走进了他的家。

师：此时，小院里全家人正围坐在餐桌旁其乐融融地吃饭。接下来会有怎样的故事呢？谁尝试着给我们讲一讲。

师：听了你的故事，我们知道这里的人真好。你能评价一下这里的人吗？

生：这里的人热情好客。

大鸟看到的：大鸟在屋顶上，它从高处俯瞰着，它看到了什么？

生：观察这户人家的东西。

（4）帕米尔高原

师：继续向西，此时我们已经到了帕米尔高原。橙黄色的背景给你带来了怎样的感觉？

生：温暖。

师：帕米尔高原地跨塔吉克斯坦、中国和阿富汗。帕米尔是塔吉克语，就是"世界屋脊"的意思。在海路尚未开通之前，帕米尔是古代丝绸之路的必经之地。这里没有高楼大厦，也没有古朴典雅的瓦房，透过图画来看，这里的人们居住的房屋是什么样的？

师：塔吉克族住房一般为土木结构平顶屋。屋内不分间，四周筑有土台，为坐卧起居之地。顶部开天窗，通风采光。

师：请你来读一读这页的文字。

生："忙活了一天，正等着晚饭的少年。"

师：你知道塔吉克族人平时喜欢吃什么吗？

师：这里的人们吃奶油、酸奶、奶疙瘩、奶皮子和奶茶，最喜欢牛奶煮米饭和牛奶煮烤饼。

师：你觉得这里的人们怎么样？他们生活得幸福吗？

师：世代聚居在高原上的塔吉克等民族，以其勤劳、勇敢、朴实、开朗的性格和多姿多彩的民风习俗而著称于世。在这片沙漠里，没有海洋和轮船，没有平地和车辆。在这里，马和骆驼成为最重要的交通工具。

（5）直布罗陀海峡

师：我们跟着大鸟，一直向西……走了很多地方，看到很多沙漠，一直走到这条线的尽头。

（出示句子）"东方和西方的海，在这里交汇，太阳恰好出现在我们正上方。"

师：我们已来到直布罗陀海峡，当地时间12：00。这时候的东京是几点呢？

生：19：00。（教师出示最后一张图）

师：两位男孩和他们的小狗是怎么回到日本的呢？我们一起看封面。

师：如果把封面还原到绘本中，我们看看放在哪儿合适呢？（学生找到绘本中相应页）

师：这片金黄的海岸是哪里啊？（地中海）我们翻过来看一下封底，这里是哪儿？（日本）这片海洋是哪里？（日本海）

3.回味旅程，怀揣美好

师：（出示时间线）在这一旅途中，大鸟沿着北纬36度线，飞过海洋、飞过高山、飞过平原、飞过沙漠、飞过高原、飞过太阳升起的地方，带领故事中的两位男孩以及他们的爱犬，欣赏了北纬36度线上不同地方的风土人情。现在，让我们跟着大鸟沿着北纬36度线，一路向西，再次旅行。

要求：请你听文字，看图画，欣赏这一路的风景。教师配乐朗读，学生翻看绘本。

师：旅行最终还是要回家的。我们又看到了熟悉的街道，以及那两个骑着自行车的小男孩和紧跟他们的爱犬。这时，书中原本的主角——大鸟，反而不见了影踪。它去了哪里呢？

师：也许它还在前方飞行，也许它暂时休息，等待继续前行……大鸟在这一旅途中，一路向西，带领两位男孩结识了各地的孩子们。

师：这次的旅行给你带来怎样的感觉？

生：这次的旅行给我带来的感觉是美好的（美丽、难忘、依依不舍）。

小结：大鸟带我们领略了北纬36度线各地的风景，每一处都有自己独特的美。生活在各地的人们都很快乐。这真是一次美丽的旅行。北纬36度线上还有很多地方，下节课让我们再次走近。好，今天的课就上到这儿，谢谢同学们。

五、活动手册——和"你"初识

平常的一天，突然出现了一只大鸟，领着我们，展开了一趟时间旅行，为我们开启了一扇奇妙旅程的大门……

【看图猜故事】

请你看看封面图，你能猜到绘本可能在讲什么故事吗？

看一看：封面都告诉了我们什么？北纬36度线。

【我会猜】

读一读书名，请你想象一下：北纬36度线，它是怎么样的一根线？

【我了解】

翻开书本，仔细阅读了解。

【我会读】

请你通读绘本，整体感知。

自学提示：

（1）自由读，把不认识的字圈出来。

（2）小组内解决不认识的字（方法：可以利用字典、请教老师和同学，并在书中标注拼音）。

（3）再读全书，正音。

【老师对我说】

请大家在脑海中描绘出这根线的模样，想象这根虚构的线，穿越了蓝色星球哪些地方。它是一次愉快的旅行，还是一次奇妙的探险，抑或是一次美丽的相遇？它是那么新奇，那么神秘，对我们好有吸引力！还在等什么呢？和我们一起踏上这一奇妙旅程吧……

旅途开始，一只大鸟带领我们从日本的东京出发，沿着一条叫"北纬36度"的线旅行。

1.活动一：跟着一只大鸟沿北纬36度线旅行

【我会找】

你知道这次旅行中是谁担起"导游"的重任引领我们前行吗？

贴一贴：请你找到大鸟，指一指它在哪里，并贴上爱心贴。

【我会画】

观察大鸟是什么样子的（颜色、姿态），画一画你心中的大鸟。

【我了解】

（1）像所有好的向导一样，大鸟首先介绍了本次旅途的行程。你知道都有哪些地方吗？你是从哪里找到的？（2）你知道我们的旅行是从什么地方出发，向什么方向前行，到什么地方结束吗？

知识链接：本初子午线是指0°经线，是计算东西经度的起点。1884年国际会议决定用通过英国格林尼治（Greenwich）天文台子午仪中心的经线作为本初子午线。本初子午线把地球分成东西两半，纬线（赤道）把地球分成南北两半。

2.活动二：跟着两个小男孩沿着北纬36度线看风景

东京时间，太阳落下，大鸟出现了。它带着我们开始了一段奇妙的旅程。

【我会找】

我们？我们是谁？到书中去寻找"我们"并贴上爱心贴。细心的孩子一眼发现了图画下方的两个男孩，一人推着一辆自行车，当别人都在玩或聊天的时候，他们意气风发，好像随时准备出发的样子。边上还有一条小狗！会是他们吗？

【我会说】

大鸟出现了。它带着我们来到（　　　），看到了（　　　）。

【老师对我说】_____

3.活动三：沿着地理学上的北纬36度线看沿线的人文和地理，以及了解每个时间点

【我会看】

夜幕降临，（　　　）时候，大鸟从（　　　）的夜色中起飞，扇动双翅，一直向西，在月亮升起之前。当然，这支小小的队伍里，还有两个男孩和一条狗。城市隐没在一片蓝灰的暮色中。

【我来做】

海上升起了明月，他们越过了大海。港口的黄昏里，他们迎着陌生的风。这是哪里？

请你借助目录并转动地球仪，找一找。（韩国）

【我来比】

对比第2页和第10页，结合生活经验说说日本和韩国的建筑风格、人们的服饰或者风俗习惯。

知识链接：饮食习惯，韩国人和日本人一样，习惯席地而坐，盘腿就餐。韩国传统饮食比较简单，主食为米饭，爱吃泡菜，泡菜的出口量据说是世界第一，种类也多。礼仪习惯，韩国和日本极重礼仪，在语言方面，年幼者必须对长辈使用敬语，上菜或盛饭时，亦要先递给长辈，甚至要特设单人桌，由女儿或媳妇恭敬地端到他们面前，等待老人家举筷子后，家中其他成员方可就餐。

【我会读】

有感情地朗读第2—10页的文字。晚上6：00的城市，巷子仍是如此明亮，街道依旧喧闹，孩子们自由地嬉戏。

【我来猜】

（1）为什么时间发生了变化？（2）观察图上的建筑，人们的服饰、风俗习惯。

猜一猜：这是哪个国家？街道上小车里卖的会是当地的什么特色食品？餐桌上可能是当地的什么菜？

【我会写】

街道上推小车的叔叔会和小男孩说什么？叔叔吆喝道：_____。孩子跑过来说：_____。

【我来做】

和老师一起在大地图上，找一找洛阳、西安。

知识链接：西安是历史悠久的世界历史文化名城，保留了完整的古城风貌。西安古建筑以明城墙为代表，以钟鼓楼、大小雁塔为例，木材、砖瓦为主要建筑材料，以木构架结构为主要的结构方式。

西安十怪——

第一怪：面条像腰带（因西安的面条以其长而宽著称）。

第二怪：锅盔像锅盖（因西安的锅盔以其大而厚著称）。

第三怪：辣子是道菜（西安人喜欢把油泼辣子当菜吃）。

第四怪：泡馍大碗卖（著名的西安羊肉泡馍是用大海碗来盛的）。

第五怪：碗盆难分开（与其他地方相比，西安的碗奇大，似盆）。

第六怪：手帕头上戴（关中地区的农村妇女特别是老年妇女常年把手帕顶在头上）。

第七怪：房子半边盖（只因房子为一边淌水的偏厦房）。

第八怪：姑娘不对外（关中地区地理位置和生活条件较为优越，所以农村姑娘一般不嫁外地郎）。

第九怪：有凳不坐蹲起来（俗话说"习惯成自然"）。

第十怪：唱戏吼起来（与其他地方戏相比，秦腔很特别，音调高昂、粗犷、豪放。这种生活方式与习俗表现出西安关中人的质朴、粗犷和豪爽）。

【老师对我说】

大鸟振翅高飞，越过海洋，带我们先后来到了中国的洛阳和西安，感受古色古香的宅子、当地独有的特色文化。

（出示第16、18页）

【我会看】

观察图片背景颜色，周围人物、景物，说说你的发现。

【我来做】

转动地球仪，找找这是哪里。

知识链接：地理特点方面，帕米尔高原地跨塔吉克斯坦、中国和阿富汗。"帕米尔"是塔吉克语，意思是"世界屋脊"。高原海拔4000—7700米，拥有许多高峰。风俗习惯方面，塔吉克族住房一般为土木结构平顶屋。屋内不分间，四周筑有土台，为坐卧起居之地。顶部开天窗，通风采光。放牧时住毡房或简陋土屋。炉灶是用卵石砌就的。驿站石屋前河滩草场肥美，可供来往商旅放牧驼、马。饮食习惯方面，喜食奶油、酸奶、奶疙瘩、奶皮子和奶茶，最喜食抓肉、牛奶煮米饭和牛奶煮烤饼。

【老师对我说】

温暖的橙黄色背景下，山丘，大漠，马群，驼队，蒙古包，还有忙活了一天正等着晚饭的少年。这里就是帕米尔高原。这里用的是北京时间，所以中国东部六点已经快到黄昏，而这里六点还是艳阳高照的下午。

【我会看】

这是一个美丽的村子，世界上最美丽的地方。这是哪里？还是中国境内吗？请你对照目录和时间看一看。

【我想画】

画一画自己心中的巴格曼村。

知识链接：《世界上最美丽的村子——我的家乡》

《世界上最美丽的村子——我的家乡》是小林丰先生以"战争"为主题创作的作品。全书没出现一幅战争场景，只叙述了一户普通家庭平凡美好的一天。

春天来了，李子花、樱花、梨花、开心果花……巴格曼村开满了花。小男孩亚默第一次代替上了战场的哥哥，牵着小驴奔巴跟爸爸到市镇上卖水果。一路上，他们与村子里的人互相亲切地打招呼，沿着辽阔的沙漠向前走，注视着迎面而来的一匹匹骆驼与一辆辆汽车。到了镇上，爸爸摆开摊子卖李子，让亚默牵着奔巴沿街卖樱桃。亚默沿街吆喝，先是一个小女孩过来买了一点儿，随后一位拄着拐杖的叔叔也过来买了一些。

"叔叔，你去打过仗吗？"

"嗯，是啊！因此失去了一条腿。"

亚默心里咯噔一下，哥哥的脸浮现在脑海中。水果卖得差不多了，父子俩走进一家小饭馆用餐，与同桌的大叔聊了起来。

"大儿子去打仗了。"

"那可真让人不放心！听说南方的仗打得很激烈。"

"原来说明年春天会回来。"

听着对话，哥哥的脸又浮现在心头。哈伦哥哥不会有事的，明年春天一定能平安回来，亚默心里想。爸爸接着带亚默到绵羊市集，用赚来的钱买了一只雪白的小羊。亚默给小白羊取名"巴哈尔"，是春天的意思，期盼着明年春天哥哥的归来。"春天"真的会像亚默期待的那样到来吗……

两伊战争：伊朗和伊拉克都是亚洲西部的阿拉伯国家。长期以来两国存在边界争端，经常发生武装冲突。另外，宗教也是两伊战争爆发的重要原因。这场战争持续了8年。

【老师对我说】

关于巴格曼村的故事以悲剧结尾，其主题在于控诉战争、祈愿和平。

回顾故事的名字——《世界上最美丽的村子——我的家乡》，不由得感慨万千。绘本中的"巴格曼村"被战火摧毁了，但是在我们的心中，"巴格曼村"永远存在。因为"世界上最美丽的村子"就是我们对生活的"最美丽"的愿望，这一愿望，是任何东西都无法摧毁的。

出示第23、24、26页大鸟，它一定知道，地面上，人们画出了彼此的分界线，又几次三番去修改它。它还知道，人们越过这分界线时，会享受到那种生命的喜悦。

【我会看】

观察这几页画面中的建筑、人物的状态。你有什么发现？是的，阿富汗战争，至今还没有结束……

【我会说】

请你用"有的……有的……还有的……"句式说说图中的人们在做什么。

我看到有很多人，有的人在（　　　　），有的人在（　　　　），还有的人在（　　　　）。

新书链接：《村里来了马戏团》是一本献给所有珍爱和平的人的绘本，是小林丰先生继《世界上最美丽的村子——我的家乡》一书后的又一力作，同样讲的是发生在阿富汗美丽的巴格曼村的故事。

在这本作品中，季节变换到了秋天，农作物成熟了，亚默的小白羊也长大了一些。这个金色的秋天，马戏团来到了小村子里。亚默和村里人都去看热闹，玩得十分开心。亚默觉得，自己的小村子不仅仅是世界上最美丽的村子，还是最快乐的地方。可是，在战争的阴云下，这种快乐能延续多久呢……

【我会看】

我们继续前行，来到了新的时区，你知道这是哪里吗？（借助目录）

【我会说】

在这里，我看到了（　　　）的（　　　），（　　　）的（　　　），还有（　　　）的（　　　）。我感觉这里很（　　　）。

【我来猜】

跟随大鸟，我们来到一个山坡，向西方望去，在道路的尽头你看到了什么？你猜那里会是哪儿？（借助目录、地球仪找一找）

【我来看】

来到道路尽头，映入你眼帘的是什么？（建筑特色、气候特点、地理环境）

知识链接：博斯普鲁斯大桥，为第一座跨越博斯普鲁斯海峡并连接亚洲与欧洲两个大陆的跨海大桥，也是世界上第四大吊桥，又名欧亚大桥，修筑在博斯普鲁斯海峡最窄处。大桥全长1560米，两座塔桥之间跨越海峡水面部分的桥长1074米，桥宽39米，高出海面64米。桥的两头各有一呈"门"字形的桥塔，水中不设桥墩，整个桥身用两根粗大的钢索牵引，每根钢索由11300根5毫米的钢丝拧成。越过这座桥，人们曾从世界各地纷纷聚拢，奔向这座蛮荒的岛屿。

【我会想】

观察画面，你能想象这里现在是一种什么气氛吗？（他们跳的什么舞？为什么跳舞？）

知识链接：博斯普鲁斯海峡是沟通欧亚两洲的交通要道，渔业颇盛。海峡两岸树木葱郁，村庄、游览胜地、华丽的住所和别墅星罗棋布。希腊人、土耳其人、法国人、英国人都曾经想占有这片富饶的土地。

【我来做】

请你借助目录、地球仪，看看这是哪里。

【我来猜】

猜一猜：图中的人们在干什么？

【老师对我说】

直布罗陀海峡是地中海和大西洋通往欧亚大陆、太平洋的咽喉，自古乃兵家必争之地，曾经是战乱频发的地方。那个时代的航海，背后的支撑是掠夺、征服、人性的贪婪与欲望。而大鸟的旅行，是为了和平、美好、友谊和爱。

【我来做】

中午十二点，直布罗陀海峡，东方和西方的海，在这里交汇。转动地球仪，说说你对这句话的理解：海天一色，到达了北纬36度线上的本初子午线。

【我来想】

这里是中午十二点的直布罗陀海峡，你知道此刻的东京是什么时间吗？（19：00）故事还没结束："你好！那么多、那么多的朋友啊，总有一天，我会来和你相见。"

【我会看】

我们跟随大鸟沿着北纬36度线，了解了不同地区的建筑、风俗，也看到了人们不同的样貌、衣着特色。观察最后一页，让我们再次回顾这神奇的旅行。

这是一根线，它叫北纬36度线。这是一次飞行，是一只鸟儿在飞行。这是一次看见，是鸟儿在看见。其实在翻动这本书，翻出一页页的时候，看见的都是我们的眼睛。我们看见了什么呢？看见一根叫北纬36度线上的一个个地方、一个个国家，真是有不少的地方、不少的国家！

因此，这很像是一次旅行。来到一根纬度线上的一个个地方、一个个国家，看见的事物有些相似，有些却大不相同。这是在一幅幅图画里的旅行。

参考文献

［1］刘绪源.儿童文学的三大母题［M］.上海：复旦大学出版社，2018.

［2］中华人民共和国教育部.义务教育语文课程标准［S］.北京：北京师范大学出版社，2022.

［3］［苏］B.A.苏霍姆林斯基.给教师的建议［M］.杜殿坤，编译.北京：教育科学出版社，1984.

［4］蒋雁鸣.整本书阅读教学工作坊［M］.长沙：湖南教育出版社，2018.

［5］吴欣歆.培养真正的阅读者——整本书阅读之理论［M］.上海：上海教育出版社，2019.

［6］岳乃红，丁筱青，邱凤莲.好童书好课堂——整本书阅读与教学20例［M］.桂林：广西师范大学出版社，2020.

［7］邓彤.整本书阅读的六大核心技术［M］.上海：华东师范大学出版社，2022.

［8］宁鸟.语文核心素养下的《水浒传》整本书阅读教学研究［D］.云南师范大学，2021.

［9］肖丽娜.指向核心素养的整本书阅读教学探索［J］.中学语文，2021（15）：11–13.

［10］叶燕芬.以"快乐读书吧"推动儿童读书活动［J］.小学语文教师，2021（2）.

［11］缪兴萍.阅读教学要重视阅读内驱力的培养［J］.小学语文教

师，2021（4）.

［12］左春云.儿童整本书阅读实战［M］.北京：清华大学出版社，2019.

［13］李怀源.小学读整本书教学实施方略［M］.上海：华东师范大学出版社，2020.